U0848647

映雪阁文丛
Yinxuege Wencong

从美、艺术走向人

《庄子》美学可能性的研究

杨 震 著

ARCTIME
时代出版
时代出版传媒股份有限公司
安徽教育出版社

图书在版编目（CIP）数据

从美、艺术走向人:《庄子》美学可能性的研究 / 杨震著.
—合肥:安徽教育出版社,2015
（映雪阁文丛）
ISBN 978-7-5336-8193-7

Ⅰ.①从… Ⅱ.①杨… Ⅲ.①《庄子》—研究②道家—美学思想—研究
Ⅳ.①B223.55

中国版本图书馆 CIP 数据核字（2015）第 321262 号

从美、艺术走向人:《庄子》美学可能性的研究
CONG MEI YISHU ZOUXIANG REN:ZHUANGZI MEIXUE KENENGXING DE YANJIU

出 版 人:郑　可
质量总监:张丹飞
策划编辑:王竞芬
责任编辑:王竞芬
装帧设计:朱　锦
责任印制:何惠菊

出版发行:时代出版传媒股份有限公司　　安徽教育出版社
地　　址:合肥市经开区繁华大道西路 398 号　邮编:230601
网　　址:http://www.ahep.com.cn
营销电话:(0551)63683011,63683013
排　　版:安徽创艺彩色制版有限责任公司
印　　刷:合肥创新印务有限公司

开　　本:787×1092　1/16
印　　张:19
字　　数:200 千字
版　　次:2015 年 12 月第 1 版　2015 年 12 月第 1 次印刷
定　　价:42.00 元

(如发现印装质量问题,影响阅读,请与本社营销部联系调换)

前　言

这本书研究《庄子》，最终完稿是在北京大学，但它的初稿却是在旅居法兰克福的孤寂中写成。有时候，更远，就是更近——跳出地理和文化界限，在远方回望自我精神的渊源，很多问题变得更清晰直接，更贴身。当时我还在用德文写另一个题目:《自然审美经验的伦理学意义》(遗憾的是至今仍未完成)。不分语言与国界，甚至也卸下了"学术"的诸多沉重武装，作为朴素的人在统一的精神世界中思考。必要时才翻开书，求助于往圣先贤。这两篇论文的写作都透露出我研究美学的真正动机，即什么样的生活值得一过?

我把美学看成是人类走向好的生活的道路。对美的发现、对艺术的创造和欣赏，在我看来几乎是一种训练，是用审美方式对生命的积极塑造。听音乐、看画、读诗、观景都是经验样本，是我们一直呼唤但并未到来的理想生活的试验田。最终美学要超越美的问题、艺术问题，朝向生活本身。美学的理想是弥合审美经验与日常经验之间的落差，审美对象和生活现实之间的种族隔离，把托付给对象的理想转化为自我品质，让用来形容艺术的种种都可以用来形容我们自己。也许有一天，我们像告别健身房里的器具一样告别艺术物品，艺术家停下他们的笔和雕刻刀，反身塑造自己的生命，每个人都成为独一无二的精美存在。

但是，不能简单地把这种理想理解为"艺术化的生存"或者"美的生活"，它们的结合不是外在的拼接，不是粉刷与装饰。我们需要剖析美、艺术和审美经验的内核，剥开外壳看到这种珍贵经验中所贮藏的人类智慧——历代累积起来的应对生死无常、祸福相依的命运的药方。第一眼我们看见了艺术，看见了美，继续凝望，我们看见了一种品质。在艺术作品和审美经验中率先实现的和谐、充实、愉快却无得失、无所求却合目的、无概念却合理、直观且深刻……最终还是要实现在人性中。当我们具备这种品质，就能在自己生命内部掘出一眼甘泉。任何快乐都依赖对象，任何对象都是无常、有限的，得之则喜，失之即悲，悲喜不可终结。只有内在的甘泉，它始终伴随我们，不依赖外物，却自在自足。

这也正是我从《庄子》中所读出的共鸣，他追求"无待"，强调"吾所谓聪者，非谓其闻彼也，自闻而已矣；吾所谓明者，非谓其见彼也，自见而已矣"，呼吁人们"自适其适"——其本义与我上面所说的何其相契！若能朝向一种更睿智的生存，就不必再问是我注《庄子》，还是《庄子》注我。我们为外物所牵累已久，拥有甚多，满足却甚少。也许是时候了，让我们聆听《庄子》如聆听更真实的自我，从美学的大门进入一种完满自足的生存。

目录 | Contents

001　**导　论**

001　一、研究对象、方法和文本

003　二、研究背景、目的和出发点

007　三、核心思想

010　四、各章节内容

第一篇　作为"美"学的《庄子》美学

019　**第一章　《庄子》论"大美"**

019　第一节　"大美"的基本规定性

020　一、"大美"是超越日常美丑相对性的美

023　二、"大美"是不可言说的理

025　三、"大美"是非分析性的整体

026　第二节　"大美"的四种类型

026　一、"淡"美

028 二、"静"美

031 三、天乐/至乐

039 四、自然之美

045 **第二章 《庄子》关于"美丑"的思想**

045 第一节 美丑的基本规定性:具有相对性的美丑判断是日常审美判断

045 一、日常美丑判断是和功利价值相关的判断

047 二、日常美丑判断也和道德判断相关

048 第二节 美丑的相对性

048 一、美丑判断的局部有效性

050 二、美丑的相互转化

053 三、日常美丑的一致性:失性

055 第三节 相对中的绝对:日常美丑判断的客观依据

055 一、"所以美"

056 二、"生而美"

058 三、"失其美"

060 **第三章 《庄子》关于"美善"的思想**

060 第一节 作为"善"的"美"

061 第二节 作为"美"的"善"

065 第三节 "美"是"善"的象征

068 第四节 "美"是"善"的显现

072 第五节 "善"是"美"的途径 "美"是"善"的指标

074 第六节 非"善"的"美"

目录

第二篇　作为"艺术"哲学的《庄子》美学

079　**第四章　《庄子》的反艺术思想**

079　第一节　反世俗艺术

079　一、《庄子》反对的是世俗艺术

082　二、世俗艺术的本质

083　三、反世俗艺术的理由

086　第二节　反技艺

087　一、违反自然天性

091　二、技艺要为"道"服务

096　**第五章　《庄子》论艺术形式**

097　第一节　内容重于形式

097　一、"使其形者"

100　二、"得意忘言"

101　三、"取象"

101　第二节　有形与无形

103　第三节　形式与世界

103　一、形式的等级

104　二、寓言——作为形式的语言

003

106　**第六章　艺术创作的原则**

106　第一节　专注

109　第二节　去利害

113　第三节　合乎自然

113　一、"以天合天"

115　二、"忘适之适"

117　第四节　创新

119　第五节　积累

121　第六节　真诚

122　第七节　虚实结合

122　一、出虚

123　二、成亏

124　三、无用之用

126　第八节　作者与读者

126　一、"质"——读者依赖

128　二、"同声相应"——对应关系

129　三、"音之君"——超越读者

第三篇　作为"审美经验"理论的《庄子》美学

133　**第七章　审美经验的前提——审美超认识**

133　第一节　基于认识的审美

133　一、具备一定的认识能力才能正确审美

135　二、不同的认识带来不同层次的审美

138　第二节　审美作为一种整体的、非分析性的认识

141　第三节　超越认识的审美

141　一、"有真人而后有真知"

143　二、"知之濠上"

145　三、"知者不言"

148　四、"象罔得之"

151　**第八章　审美经验的本质——审美直觉说**

151　第一节　直觉——对于形式的超越

151　一、"有情有信、无为无形"

152　二、"物化"

153　三、"不知耳目之所宜"

155　第二节　直觉——一种整体、感性的审美认识能力

155　一、"官知止而神欲行"

157　二、"无听之以耳而听之以心，无听之以心而听之以气"

158　三、"以其心得其常心"

160　四、"一知之所知"

161　五、"混沌"

163　**第九章　审美经验的理想——非对象审美**

164　第一节　非对象审美的逻辑来源：从"审美非功利"到"审

005

美非对象"

168　第二节　非对象审美的逻辑后果：从"为艺术本身"到"为人本身"

172　第三节　非对象审美的本质：从"对象"到"经验"

177　第四节　如何才能"非对象审美"——审美之"游"

177　一、何谓"游"——"游"是合乎理性的感性经验，是"审美地存在"

180　二、如何"游"

186　**结　论**

188　**主要参考文献**

200　**附　录**

200　"《庄子》美学"如何可能？

218　中国传统文学艺术中的尚简之风

230　非言之言——从禅宗"不立文字"引发的辩证思考

241　"大一生水"——以"水"象解《老子》的新尝试

254　完美的残缺——论"残缺"作为中国传统审美风格

261　《庄子》各篇章中涉及美学问题的文字

295　**后　记**

导　论

一、研究对象、方法和文本

1. 研究对象："庄子"，在这里是指《庄子》这本文集，而非庄子其人；"美学"，这里以既开放又显明的方式，从研究对象的角度，将之界定为研究美、艺术以及审美经验的学科，在这个框架下对《庄子》的美学思想进行发掘、整理；"可能性"，首先是指《庄子》思想中与美学直接相关的部分，其次是指《庄子》思想中虽然不直接针对美学问题，但在美学研究中有效的思想，最后，"可能性"也是指《庄子》思想给美学研究带来的可能性，亦即《庄子》思想既在传统美学视野中，又超出传统美学视野的部分。

2. 方法：首先，本书采取逻辑的而非历史的方法。也就是说，本书并不涉及对于《庄子》一书的作者、成书年代、各篇地位等问题的辨析，不致力于文本在历史上的一致性。本书的重点，是在文本逻辑的一致性上面。也就是说，本书把《庄子》看成一部有着思想系统和逻辑的论文集，力图从中找出合乎美学研究的思想线索和系统。

3. 本书采取演绎和归纳并重的方法。所谓演绎，是说本书首先立定一个清晰的出发点，根据研究对象，把美学确定为研究"美""艺术""审美经验"的学说,根据这样的学说在《庄子》中进行演绎推理;这样做,既可以避免《庄子》美学研究中常常出现的混乱局面,又避免先入为主式的解读"《庄子》美学"。所谓归纳,是指对于《庄子》文本的检查,并不局限于"美""艺术"等概念,而是从美学视角,在更广泛的意义上归纳《庄子》具有美学可能性的问题。

4. 出于以上所交代的原因,本书采取既开放又严格的策略,避免《庄子》美学研究传统中的空泛狭隘的研究方法。比如说,本书不突出"道""无为"等思想,因为这些概念虽然重要,但在论述《庄子》美学中不占主导位置,缺乏独特的美学相关性,以这些概念为中心研究美学只会模糊美学研究的界限,以致破坏美学学说的相对独立性。同时,本书也不把研究视野局限在"美""艺""术"等概念上,而注意某些文本中内在的而非表面的美学精神。

5. 所以,本书研究越过既定的《庄子》美学研究模式,并不进行转述和总结,而是直接针对《庄子》文本进行发掘、整理。

6. 文本问题。在文本上,本书采用 1961 年中华书局出版的郭庆藩撰、王孝鱼点校的四卷本《庄子集释》本,亦即通行的"郭象本"为研究《庄子》的底本,因此本书中凡引用庄子处只标明篇目,不一一注明详细版本信息;在文义上,主要以郭象注,成玄英疏,陆德明音义,郭庆藩、刘文典按语,以及王先谦集注互相参解①;在校对、考证方面,汲取张恒寿、王叔岷、刘笑敢等

---

①比如《德充符》篇,郭象断句:"彼为己以其知,得其知以其心。得其常心……"郭庆藩引郭嵩焘断法,当为"彼为己,以其知得其心,以其心得其常心",于理更通,故从之。其余皆仿此,不赘述。

人的成果，但本书并不交代注疏、考证等问题。

二、研究背景、目的和出发点

《庄子》美学的专门研究，以 19 世纪 40 年代陈东阜在《庸报》上发表的《老子庄子文艺思想》为肇始，以徐复观于 1965 年在台湾出版的作为"庄子的再发现"的《中国艺术精神》为标志，到了 20 世纪 80 年代以后，研究成果日益增多，出现了刘绍瑾的《庄子与中国美学》(1989)、张利群的《庄子美学》(1992)、阮忠的《庄子创作论》(1993)、陶东风的《从超迈到随俗——庄子与中国美学》(1995)等著作。进入 21 世纪，代表性的有包兆会的《庄子生存论美学研究》(2004)、时晓丽的《庄子审美生存思想研究》(2006)等。与此同时，在一些重要的中国美学史和有关中国美学的研究著作中，《庄子》的美学研究也受到重视，如叶朗的《中国美学史大纲》(1985)，李泽厚、刘纲纪的《中国美学史》(1984)，朱良志的《中国美学十五讲》(2006)等。

纵观这一系列的研究，我们可以看出，"《庄子》美学"这一概念已被广泛运用，并引起了学术界的重视。关注的重点大概有：

《庄子》思想对后世文学、绘画、音乐等文艺创作的影响；

《庄子》思想与中国艺术相关的概念，如"道""气""自然"等的研究；

《庄子》颇有艺术家气质的生存思想研究。

这些研究，从总体上来看，深化了对《庄子》思想的理解，也推动了中国美学的发展,确立了《庄子》美学思想在中国美学发端阶段的重要地位。研究方式大体是从一些基本概念入手,这当然是《庄子》思想在美学上最引人注目的方面。但大多数研究在某种程度上忽略了从美学学科的意义上对于"《庄子》美学"进行一个清晰的检查。也就是说:缺乏一个清晰的学科框架来对《庄子》思想进行识别。这使得《庄子》美学的研究边界模糊,有时甚至混乱,尤其是混淆了《庄子》的美学思想与伦理思想之间的区别。[①] 更有甚者,如李泽厚提出"庄子哲学即美学"[②],徐复观提出"庄子所成就为纯艺术精神"[③],他的思想与美学"不期然而然"相合。这种提法貌似高扬了《庄子》美学,实际上却使得"《庄子》美学"这一概念变得笼统而空洞。依这样的理解,《庄子》美学具有"潜在"的美学价值,而本身并不是真正意义上的美学。

有些思想,虽然对艺术创作有影响,不一定就是美学思想。比如"道",这个概念对于中国文化的一切方面均有巨大影响,与艺术没有独特的相关性,因而不宜作为一个主要的美学概念来提。又如"逍遥"(自由),它更多的是一个生存论、伦理学的概念,如果要对它的美学相关性进行探讨,就要首先对它进行剥离与界定。至于所谓"生存论美学",这个概念本身就是矛盾的。发明一个新概念,把理论内部的矛盾概念化,并不能躲过

---

①典型代表,如:徐复观.中国艺术精神.台北:台湾"中央"书局,1966:82—99.载:徐复观文集:第4卷.李维武,编.武汉:湖北人民出版社,2002.以及:包兆会.庄子生存论美学.南京:南京大学出版社,2004.为避免重复,本书所引文献,相同的参考文献首次出现时标注版本全信息,再次出现时,只标注书名、出版年和页码。

②李泽厚.漫述庄禅.北京:中国社会科学,1985(1).

③中国艺术精神.1966:115.

逻辑的审查。提出这个概念的人要承担一个巨大的逻辑责任，就是要树立一个与"生存论"兼容的独特的"美学"定义。可惜事实上没人做这个工作，因此实际上架空了这个提法。

本研究所要承担的任务，是要在学科意义上对于《庄子》思想在美学学科视野中进行探讨的可能性做一些辨析，看看有哪些《庄子》思想，在什么意义上可以纳入美学研究视野。当我们把某些《庄子》思想称为"美学"思想的时候，我们必须给出一个理由。为什么说它是美学？这是本书要回答的问题。

回答这个问题，其前提和关键就是要回答"什么是美学"。

回答"什么是美学"并没有想象的那么艰巨。我们并不需要给"美学"一个早已被人扬弃的本质主义、基础主义的定义。我们只需要走一个最为中庸的路线，亦即在事实上最广为接受的、最有效地对"美学"界限的理解。这貌似平常，但却能为我们的研究带来久已缺乏的清晰界限和出发点。

首先，从经验事实来说，翻开一部美学史，被我们称之为"美学"的思想，要么是在研究"美"的问题，要么是在研究艺术问题，要么是在研究审美经验问题。比如柏拉图、普罗丁，我们谈起他们的美学时指的是他们的"美"学；而黑格尔、谢林以至当代的丹托，我们谈起他们的美学，指的是他们的"艺术哲学"；至于休谟、康德、叔本华乃至当代的杜夫海纳，我们谈起他们的美学思想，意味着"鉴赏""美感""审美判断"，总之，用一个现代词汇，就是"审美经验"的问题。

因此，如果我们在"美"的理论、"艺术"理论以及"审美经验"理论三方面来挖掘《庄子》的美学思想的话，基本上合乎西方传统上美学史研究的思路,不会有太大遗漏,也不至于把思路限定得太狭隘。尤其需要指出的是,这种以研究对象来界定学科范围的做法,能够在保证清晰性的前提下给理论研究以最大的自由。

当然,这基本上是"《庄子》美学"的经验起点,它应该还有一个逻辑起点。也就是说,我们从外延上界定了"美学",也需要在内涵上界定一下:

如果我们要避免陷入本质主义的困境,不妨从否定的角度来界定"美学"的内涵。在最为普遍接受的意义上,我们一般是这样理解美学研究所涉及的人类经验范围:美学研究的是人类经验中非概念、非功利、非道德的部分。如果非要从肯定的角度来理解,我们可以说,美学研究的是:

人类感性、直觉方面的把握世界的能力;

经验中以自身为目的的经验。

因此,如果我们在《庄子》思想中找到这方面的资源,就可以充实到美学史与美学理论的研究中来。

总之,本书在横向上,检查《庄子》思想在"美"论、"艺术"论和"审美经验"论方面的理论可能性;在纵向上,检查《庄子》思想在研究人类感性直观能力、自足经验方面的思想资源。这样,基本上能清晰而充分地绘出《庄子》美学的轮廓。至于《庄子》美学的独特性,也会在这种检核中自动呈现出来。

三、核心思想

任何给《庄子》总结出一个主要思想、核心概念的尝试，都会面临以偏概全的危险。但我们的确发现，《庄子》有某种基本的立场，也就是它提倡什么，怀疑什么。总体上来说，《庄子》对于运用语言，以区分、分析的方式认识世界的思路，表示严重怀疑；日常对美丑善恶的区分，也包括在这样一种区分性的认识框架之中，因而也遭到了《庄子》的怀疑："判天地之美，析万物之理，察古人之全，寡能备于天地之美，称神明之容。"（《天下篇》）怀疑的理由，有认识论和价值论两方面：

从认识论角度，区分性的认识途径，并不能如其所愿地达到世界真相。首先，区分性认识所依赖的语言工具，其本身并不是真理，也不可以真正与真理吻合，所以《庄子》说"语之所贵者，意也，意有所随也；意之所随者，不可以言传也"（《天道篇》），这个不可言传的意之所随，才是认识试图言传的世界真相。其次，区分性认识本身有一个致命的缺陷，就是它内部的矛盾和相对性，"言者有言，其所言者特未定也"，"因是因非，因非因是"（《齐物论篇》）这就使得言语概念所表达的内容本身都不能真正确立起来，它又如何保证自身的有效性呢？

同样的道理，日常的美丑判断，也是建立在语言的基础上的，它是借助概念进行的区分，并不能真正反映世界真相；于是它也就注定了不能摆脱相对性的困境，"其美者自美，吾不知其美；其丑者自丑，吾不知其丑"（《山木篇》），"其所美者为神奇，其所恶者为臭腐"(《知北游篇》)。这样的美丑判断,不具备普遍有效性,为《庄子》所怀疑。

既然区分性的概念语言模式不能达到对世界真相的把握,那么,如何才能把握世界真相呢?《庄子》提出了它的解决方案:首先,意之所随者不可以言传,但可以意会,"可以言论者,物之粗也;可以意会者,物之精也",轮扁虽然"口不能言"但"得于手而应于心"。简而言之,因为语言本身外在于世界存在而不能与存在重合的问题,可以通过"得心应手"这样一种直觉体验的方式来解决。其次,要解决认识的相对性困境①,唯一的办法是放弃把语言本身所构造的是非之分看成世界真相的做法,意识到世界存在本身是无所谓是非对错,要"和之以天倪而休乎天钧"(《齐物论篇》),"处阴以休影,处静以息迹"(《渔父篇》)。

《庄子》反对是非对错的区分性认识②,怀疑概念语言的地位,除了认识论方面的考虑,更重要的是价值论上的考虑。也就是说,即使通过概念能得到相对有效的部分世界真相,对于人也远非最重要的。认识,总是对主体之外某物的认识,是向外驰求,如果顺着这个思路,把这种对外在世界的认识当作目的和归宿,往而不返,就南辕北辙了。《庄子》对这种普遍存在的思维方式进行了颠覆,提出:只有人的存在是唯一的目的。

----

①这里所谓"认识的相对性困境"在本书中是指《齐物论》所指出的"此亦一是非,彼亦一是非""因是因非,因非因是""是其所是,非其所非""万物莫不是,万物莫不非"等以"是、非、真、假"判断作为内核的人的认识(认知、知识)所具有的不可解的矛盾、局限性和相对性。

②这里所谓"区分性认识"是相对于《庄子》意义上的"整体性认识",亦即"和之以天倪而休乎天钧"这种人的内在精神和外部世界之间的调和、统一的状态而言的,它特指力图借助概念,通过区分、对立、辩证、推理、分析来掌握所谓"真理"的认识活动。

"吾生也有涯,而知也无涯,以有涯随无涯,殆矣。"(《养生主篇》)以有涯随无涯,错误在于颠倒了目的与手段的关系,颠倒了轻重主次的关系,是"以随侯之珠弹千仞之雀"(《让王篇》)。进一步说,所谓的"世界真相",原来并不在外,而是在内,在人本身的生存中,除了人的存在,并没有什么世界,人就是世界,知识只是人存在的衍生物而已,正所谓"有真人然后有真知"(《大宗师篇》)。

所以,《庄子》反对建立在区分性、分析性认识基础上的美丑判断,一方面是因为它们并不能完全达到世界真相,另一方面是因为它们只是生存的手段而非目的。由此,《庄子》提出了另外的主张:只有通过非分析、非概念的感性直观,才能达到世界真相;而这个世界真相,无非就是完整的、自足的人性和人的存在,这才是一切的目的和旨归。

《庄子》既然反对日常的美丑判断,从而也反对与人性相悖的世俗艺术和技艺,反对依赖外在对象的经验模式,为什么还说《庄子》思想有美学价值,甚至《庄子》提出了对美和审美的更高认识呢?在否定美丑判断和世俗的艺术之后,《庄子》思想中还保留下了什么样的美学内核呢?

关键就在上面总结的这个"感性直观"和"自足"上面,正如《庄子》说"无听之以耳而听之以心,无听之以心而听之以气"(《人间世篇》),提倡"安其性命之情"(《在宥篇》)、"出游从容"(《秋水篇》)、"曳尾于涂中"(《秋水篇》)。尽管《庄子》否定了日常的美丑判断和世俗艺术,但它强调了"感性直观"和"自在自足"的价值,而这两点正是我们将审美经验与认识、伦理经验相区别的核心,虽然在《庄子》那里,这个价值已经是人生存的最高理想,无所谓审美,但是在现实中,这种价值突出实现在审美经验中,那么它无疑是一种审美精神。

正是在这个意义上,尽管《庄子》剥离了承载审美精神的狭隘、有限、相对的审美对象与活动,但保留并高扬了审美精神本身。这就使得一种否定日常美丑判断的"天地之大美"成为可能,使得一种反艺术的艺术风尚成为可能,也使得一种不依赖对象的审美经验成为可能。——这就是本书研究的核心所在。

四、各章节内容

如上面所说的,本书是在"美"的观念、"艺术"理论以及"审美经验"理论方面发掘《庄子》的美学可能性,探问《庄子》中有哪些思想能帮助我们回答美学问题。

《庄子》全书有"美"字 49 处,涉及各种词性和含义,有名词,有动词,有形容词;有使动用法,有意动用法;有道德判断,有价值判断也有审美判断,并不能笼统归入美学门下。在"美"的理论这一部分,本书主要从中辨析出美学意义上,亦即具备"非功利""感性直观""自成目的"等含义的"美"的思想。经挖掘和总结,《庄子》论"美"的思想,从美学角度来说,最核心的是确立了"大美"这样一个超乎日常审美判断又合乎审美精神的范畴,与此相关,《庄子》对于美丑之间的相互关系也给予了丰富的解答。另外,《庄子》还为与"美"这一概念最为接近的"善"的概念与"美"的概念之间错综复杂的关系提供了多层次的理

解途径。

本书第一章对于"大美"这一问题进行了考察。通过对"举莛与楹,厉与西施,恢诡憰怪,道通为一"(《齐物论篇》)的考察,发现"天地有大美而不言"(《知北游篇》)的"大美"是对于日常美丑判断的超越;又通过"为是不用而寓诸庸"(《齐物论篇》),发现这种"大美"虽然不可言说,但可以诉诸实践、体验;联系"万物有成理而不说,四时有明法而不议"(《知北游篇》)的排比,又知道"大美"是合乎规律的。《庄子》也反对"判天地之美"(《天下篇》)——用分析、区别的态度对待天地的"大美"。这种不可言说,不可分析,又合乎规律,可以通过经验直觉来把握的"大美",无疑是合乎审美精神的"美",超越于日常美丑判断之上。

"大美"这样一种超越日常美丑分别的审美形态,在《庄子》中有时候是以其他概念表达出来的,或者说是"大美"这个核心概念的演绎。其中重要的有"淡(美)""静(美)""至乐"和"自然(美)",它们各有侧重地揭示了超越区分、对待、是非功利之后,所达到的境界具有怎样一种审美的精神。

第二章是对《庄子》中所揭示的美丑关系进行分析。首先,我们要明确的是,《庄子》的基本态度是反对美丑的区分;但这里《庄子》所反对的"美"与它所主张的"天地有大美""淡然无极而众美从之"之"美"不是一个意义上的"美"。《庄子》所反对的是日常建立在概念、功利、道德基础上的美丑判断。这种美丑只在局部有效,相互之间转化,并且都是对人性的损害。但《庄子》也意识到,相对性中间也有某些绝对的因素,有"所以美"的根据,有"生而美"的天然属性,甚至有"失其美"的可能。

第三章集中分析了《庄子》中关于美善关系的思想的几个层次。有时候,"美"在《庄子》中是作为"善"存在的;但有时候又反过来,"善"在某种条件下可以作为"美"出现。"美"基本上可以当成是"善"的象征和显现,进而"善"也可以成为实现"美"的途径。但有时候,"美"也作为"善"的对立面存在。

本书的第二部分探寻《庄子》在"艺术"方面的理论资源。

研究发现,《庄子》对"艺术"有价值的思想竟然建立在"反艺术"的主张之上。为了应对这个表面的矛盾,就必须搞清楚,《庄子》反对的是什么艺术,它为什么要反对这种艺术。这就是第四章的任务。根据文本分析,《庄子》所反对的是满足感官愉悦、建立在分别意识之上的世俗艺术,亦即《天地篇》中所说的"五色""五声""五臭""五味"所相关的那些"不安其性命之情"的"礼乐文章";《庄子》所反对的艺术,还指那些分门别类的纯粹技艺,因此它提出要"灭文章,散五采,胶离朱之目"(《胠箧篇》)。反对的原因,首要的是这些世俗艺术败坏了人的本性,"文灭质,博溺心,然后民始惑乱,无以反其性情而复其初"(《缮性篇》)。至于纯粹的技艺,它们首先违背了自然,"夫埴木之性,岂欲中规矩钩绳哉"(《马蹄篇》);其次,它们也对人性有破坏作用,因为"有机械者必有机事,有机事者必有机心"(《天地篇》)。

在这个基础上,《庄子》提出了它独特的艺术主张,建立了一种重神略形的艺术风尚,在《德充符篇》中它启发我们把"使其形者"看作比"形"更具决定性意义的艺术因素,由此它还指

出了"得意忘言"的艺术境界。《庄子》把世界的存在看得比作为表达手段的艺术形式更为根本,重视"不可言传"的"玄冥""参寥""疑始"。这是本书第五章中探讨的内容。

与这种重神略形的艺术主张相应,《庄子》还为具体的艺术创作有意无意地提供了许多极其重要的方法和原则。比如"虽天地之大,万物之多,而唯蜩翼之知"的专注精神;"解衣般礴裸"的非功利创作态度;"以天合天"的自然法则;由"去人滋久,思人滋深"引出的创新原则;任公子钓鱼的故事所强调的艺术积累的重要性;尤为重要的,是《渔父篇》中极其精辟的关于"不精不诚,不能动人"的真诚的艺术创作原则。其他还有虚实结合的原则、读者对作者创作的积极影响等。这些都在第六章中进行了发掘整理。

本书的第三部分是对《庄子》中与"审美经验"理论有关的思想进行探讨。"审美经验"这个词本身就意味着美学问题摆脱了以"美"和"艺术"为主,亦即从以对象为核心的思维向度转向对于主体经验本身的研究。这样一种研究的方向和视角,能为我们发掘《庄子》思想的美学价值打开最广阔的可能性。以主体经验为核心的审美活动,在《庄子》"休影息迹"的逆向思维模式支持下,就打开了一种"非对象审美"的可能。

第七章辨析了在《庄子》思想中审美经验基于认识又超越认识的特点。《庄子》承认必须有一定的认识能力才能进行审美,"瞽者无以与乎文章之观,聋者无以与乎钟鼓之声"(《齐物论篇》);进而,不同的审美能力带来不同的审美经验,"大声不入于里耳,折杨、皇侉,则嗑然而笑"(《天地篇》)。但审美经验在本质上却是超越了认识功能的：首先，是经验先于认识，而不是相反，正所谓"有真人然后有真知"（《大宗师篇》）；其次，认识不能达到的世界真相，审美经验可以，这是"知之濠上"（《秋水篇》）所带给我们的启示；这种对世界真相的经验、直观把握，不能用普通认识所依赖的语言来描述和传达，正所谓"知者不言"（《知北游篇》），唯有"罔象得之"（《天地篇》）。

这种超越认识的"认识"，合乎我们所理解的"审美经验"的特征，在本质上是一种直觉活动。这一点在《庄子》中表现非常明显。第八章主要就是对这些资源的提炼。所谓"直觉"，首先是对具体形式的超越，它不同于具体的感官感觉和知觉，而是一种无形的意识，"有情有信，无为无形"（《大宗师篇》）。这也就是说，这种直觉，是一种整体性的感觉，是"官知止而神欲行"（《养生主篇》），"无听之以耳而听之以心，无听之以心而听之以气"（《人间世篇》）。

当一种超越认识，不依赖对象，又具备通常审美经验所注重的整体性、感性特点的直觉能力和直觉活动，就为一种所谓"非对象审美"的经验形式开启了可能性。第九章重点探讨"非对象审美"的可能性，也就是："审美"和"非对象"（并不一定无对象，主要是指不依赖对象）如何兼容，从有对象的审美如何过渡到非对象的审美。

首先，人们谈到审美经验，常常会谈到它"非功利"的特点。"非功利"的基本意思，就是不关心对象的物理存在，不试图消耗对象，只在意对象的形式，不寻求经验本身以外的目的，只关心经验本身的完美。这个逻辑进一步延伸，就意味着对象在审

美经验中只起到一个开启经验的作用，但重要的并非对象，而是经验所达到的境界，那么，我们就要进一步设想："非功利"既然就是对对象之存在的淡漠，那么，"非功利"的极致，应该就是"非对象"。这也就是"外天下""外物""外生""朝彻""见独"所一步步发展起来的"非对象审美"的可能性之一。

其次，人们谈到审美经验，多是对艺术作品的经验，而这种经验的标志性特点，就是"为艺术而艺术"[①]。但是"为艺术而艺术"，《庄子》说"属其性乎五声，虽通如师旷，非吾所谓聪也；属其性乎五色，虽通如离朱，非吾所谓明也"（《骈拇篇》），认为它们是"得人之得而不自得其得者也，适人之适而不自适其适"（《骈拇篇》），按照《庄子》的逻辑，应该把这个审美主张稍微调整一下，变成"为人而艺术"，更进一步，是"为人而经验"。这一来，《庄子》"自适其适"的经验具备了艺术经验"为自身"的主要特点，区别只在于这个经验的对象不是艺术作品而是人的存在本身。

我们看出，按《庄子》的逻辑，从"非功利"和"为自身"两个审美经验的标志性特征，都可以达到"非对象审美"的可能。解决了可能性问题，《庄子》还给出了它的必要性：依赖对象的经验，不是自足的，因而不可靠，不确定，缺乏可把握性和普遍有

---

①"为艺术而艺术"（英文：Art for art's sake；法文：L'art pour l'art）的主张，一般归在法国浪漫主义诗人戈蒂耶（Théophile Gautier）名下，1832年，他在长诗《阿贝杜斯》的序言中宣称："一件东西一成为有用的东西，它立刻成为不美的东西。它进入了实际生活，它从诗变成了散文，从自由变成了奴隶。"1834年5月，戈蒂耶为他的小说《模斑小姐》写了一篇长序。他认为："只有毫无用处的东西才是真正美的；一切有用的东西都是丑的，因为那是某种实际需要的表现，而人的实际需要，正如人的可怜的畸形的天性一样，是卑污的、可厌的。"这篇序文在当时产生了很大的影响，被认为是"为艺术而艺术"的宣言。关于"为艺术而艺术"观念的详情，可参考：周小仪."为艺术而艺术"口号的起源、发展和演变.载于：外国文学，2002(2).

效性，"今之所谓得志者，轩冕之谓也。轩冕在身，非性命也，物之傥来，寄也。寄之，其来不可圉，其去不可止"（《缮性篇》)，这是不符合审美的理想的。要实现审美的理想，亦即拥有一种真正"非功利""为自身"的经验，就必然走向"非对象审美"。

第一编

作为"美"意象的《庄子》美学

美学,一个最古老、最为人熟知的理解,就是关于"美"的学问。美学史的发展已经大大超出了这个狭隘的领域,但"美"的问题仍不失为美学的核心问题。鲍桑葵在他的《美学史》中也明确地把美学界定为研究美的哲学①。《庄子》全文中涉及"美"字49处,但这并不意味着所有有"美"字的地方都涉及美学问题。笼统地拿出《庄子》中有"美"字的章句来佐证某种《庄子》美学思想,这是近几十年《庄子》美学研究中比较常见的现象,这是一种逻辑上的偷懒,造成了不必要的混乱。当然,从美学角度,我们也无须对这49个"美"字所涉及的各个方面做一个大而全的分类和辨别。我们要从这49个"美"字中识别出美学意义上的"美"的语汇;更重要的是,我们应该在此基础上发现这些"美"的语汇中所蕴含的"美"的观念和问题,这是本篇真正要做的工作。

通过提炼、辨别和比较,我们最终发现:《庄子》论"美",在美学意义上有价值的、最突出的就是提出了一种超越日常美丑相对性的"大美"范畴。围绕这个核心范畴,《庄子》对于美丑关系、美善关系提出了非常独到而且层次丰富的见解,而不是泛泛而谈地讨论美丑的相对性、美善区别和联系。

---

①鲍桑葵.美学史.张今,译.北京:商务印书馆,1985:5,6.

第一章 《庄子》论"大美"

几乎所有涉及《庄子》美学的论著中,都会谈到"大美"的问题。但人们往往忽略了一个悖论:"美"是和"丑"相对的概念,而《庄子》明确反对美丑区分的有效性,既然这样,一种超越美丑分别的"美"如何可能? 并且,这样一种"大美",为何还是一个审美范畴? ——这正是本章要解决的问题。

第一节 "大美"的基本规定性

要理解一种超越美丑分别的"大美"为何是一种审美范畴、审美经验对象,就必须到《庄子》对"大美"所做出的基本规定中寻找线索。当我们发现,尽管"大美"否认了美丑的区别,因而它不是"美"之一种,但它的基本规定性符合我们对于审美经验对象、审美经验形态的基本描述的时候,它就可以作为一种审美范畴来理解,是对审美经验中显现的表象的命名。

而探求"大美"的基本规定性,不能拘泥于"大美"一词,而要按《庄子》的逻辑,把它和"道""法""理"并列起来、贯通起来理解。《庄子》中有很多论述都指向这个范畴。

一、"大美"是超越日常美丑相对性的美

《齐物论篇》中说道：

> 可乎可，不可乎不可。道行之而成，物谓之而然。恶乎然？然于然。恶乎不然？不然于不然。物固有所然，物固有所可。无物不然，无物不可。故为是举莛与楹，厉与西施，恢恑憰怪，道通为一。
>
> 其分也，成也；其成也，毁也。凡物无成与毁，复通为一。唯达者知通为一，为是不用而寓诸庸。庸也者，用也；用也者，通也；通也者，得也；适得而几矣。①

这段话涉及审美感受的相对性问题。可是，确立这种相对性的依据是什么？否定了什么，又肯定了什么？能给我们怎样一种超出简单的所谓"相对主义"的判断？

"可乎可，不可乎不可"，"然于然，不然于不然"，这是相对性的第一个方面：一个循环论证，用符合自身的概念框架对自身存在进行辩护，这是不成问题的。你把一根木头横着放，就叫"莛"，竖着放，就叫"楹"，但客观上，木头还是木头，"莛"和"楹"的判断不能造成实质性的区别。如果一个社会的审美偏好把西施那样的外表定义为美，那么，把西施称作美人，这个判

---

①郭庆藩,撰.庄子集释.第一册.北京:中华书局,1961:69—70.

断是正确的。但同样的逻辑也适用于"厉",在一个对立的偏好中,厉可以是美的,而西施却丑。不同的观点、偏好,造成了厉与西施互为美丑的经验,但这并不涉及真理问题。因此,说审美经验本身是纯粹主观的体验,而不对事物的存在进行一个判别,因而审美判断不产生知识,这是对的。在这个意义上审美是缺乏标准的,也就是说,日常经验中的"美"只在一定条件下有效,这种美不可靠,也可以说不美。

审美相对性的另一个方面:不能忽视文本中这样一句话:"物谓之而然。""然"与"不然"这样的判断,并不是"物"本身的属性,而是人的一种解释和描述。我们以为事物所固有的美丑,原来只是语言所造成的差异。所有借助语言所表达的审美判断,比如"这真美",期望借此有所分别、确认,都是相对的、易变的。当美丑可以相互抵消,相互否定的时候,就根本不存在什么是真正的美丑了。对日常生活的美,《庄子》是持否定态度的。

那么《庄子》还有没有可能在肯定的层面上提出另一种美的概念? 是否通过《庄子》,可以看到一种非语言判断的审美可能? 如果说,存在一种超越美丑分别的美,这是一个悖论,那么,我们至少还保留了一种超越美丑分别的审美经验的可能。

美或丑的判断,是必须要借助语言来形成的;但审美经验,却是在语言之前或语言之上就可以实现的。鲍姆加登[1]以

---

[1]Baumgarten 在简明、王旭晓翻译的《美学》一书中作"鲍姆嘉滕",本书引用此译本时沿用此译,其余各处均用通行的翻译"鲍姆加登"。

"aesthetik"作为"感性学"为美学圈出一个王国①,康德以"快感和不快感"为基本标准来定义美感②,都暗示着:美学完全可以从带有认识论痕迹的美丑判断中解放出来。从而,一种反对美(反对在认识基础之上的美丑判断)的美学,是可以成立的。

这种反对美的美学,如何可能?

《庄子》在否定了厉与西施的美丑区别之后,进入一种更高层次的肯定:"为是不用而寓诸庸。"这就让人联想到上面的"道行之而成"。它把"道行之而成,物谓之而然"并列,意思是:物谓之而然,因此无物不然,没有真实性;道行之而成,为是不用而寓诸庸。"行"是实践,是行为,是通过行动实现的感性存在,"道"是通过行为直接实现的。这种"行"的特点,就在于它"不用而寓诸庸"。这个"不用"也就是上文充分论述的、不分辨、不取舍的态度,不对世界进行狭隘的认知判断,而是诉诸直观的、浑然的经验,"寓诸庸","庸,用也"③,后面所谓的"通"啊"得"啊,都只是这个"用"的效果。其实按照《庄子》的逻辑,去掉了认知和区分的生活,哪里还有通常意义上所谓的"得"呢? 得到的无非是"彷徨乎无为其侧,逍遥乎寝卧其下"(《逍遥游篇》)而已。按我们上面所说,一种是自得其乐的、非工具性的存在,一种是诉诸直觉、经验的对于世界的整体性体察,符合我们对于"审美"(aesthetic)的最基本理解。在这个意义上,可以说《庄子》在否定了日常生活的美丑分别后,指出了一种更高的审美

---

①鲍姆嘉滕.美学.简明,王旭晓,译.北京:文化艺术出版社.1987:13—17.
②康德.判断力批判.邓晓芒译.北京:人民出版社,2002:37—45.
③《齐物论》这一段的成玄英疏,见:庄子集释.1961:72.

可能性,也就是无分别、不间隔、真实地去存在、去体验,如果这种诉诸直观(因为不是认识的,也不是道德的,就必然是直观的)的自得之乐,也能以"美"名之的话,那么,这可谓一种"天地之大美"。

二、"大美"是不可言说的理[①]

《知北游篇》中说:

> 天地有大美而不言,四时有明法而不议,万物有成理而不说。圣人者,原天地之美而达万物之理,是故至人无为,大圣不作,观于天地之谓也。[②]

首先要澄清的是:这里的"美"肯定不等于感性、审美意义上的"美"。

这里的"美",首先是指一种高度发达完善的品性、内质,是"美德"之"美",所以成玄英解释说"夫二仪覆载,其功最美"[③],陆德明也说《大美》谓覆载之美也"[④]。"美"在这里是对功德的形容,这个"功"当然不是世俗的功利,而是天地所显现的完美宏大的品质。

---

①这里的"理",既有别于苏格拉底以来用以指谓概念、命题所把握的规律的"理性",也有别于康德意义上与自然规律相对立的人的自由意志的产物,《庄子》的"万物之理",是万物的本性、真相,是起源和归宿的统一,即成玄英多次提到的与"道"相对等的"理","至道,理也"。这里的文本也能看出:"理"是和"法""美"相应又相别的概念。

②③④庄子集释.第三册.1961:735.

所以，尽管如此，这里的"美"也终归是一种感性显现。第一个理由，它是"天地之美""覆载之美"，是自然、宇宙的崇高形象，它可以被直观，而难以被掌握或验证；第二个理由，这个"美"是不能言说的。凡是道德或规律，都可以用概念语言描述和推广，而这个"天地之美"却是概念语言无法描述的，"天地有大美而不言"。

这个天地自然本质崇高显现的"美"，虽然不可言说，却具备理性、律法的精神，亦即尺度、节奏、时间性、多样同一性。因为它与"四时"的"明法"以及"万物"的"成理"相一致。圣人也是在"原天地之美"的同时通达了"万物之理"。甚至可以理解为，圣人通过领悟天地之大美，而达到了对万物之机理的把握。因为圣人是通过"观"天地来领悟并做到"无为""不作"的，是通过直观，而不是思考和分析。

总之，这段话对于美学思考的启示，就在于：天地本身以其自足、自然，而在人的直观面前呈现一幅宏大壮美的图景，这种"大美"之中蕴含着最高的规律和理性，但这种规律和理性又是概念语言所不能描述和传达的。因此，人若要达到和天地一样的审美人格境界，必须通过审美直观，而不是通过思考或政治、道德活动。

三、"大美"是非分析性的整体①

从根本上来说，《庄子》只对它所谓的"大美"持肯定态度。《天下篇》说：

> 天下大乱，贤圣不明，道德不一。天下多得一察焉以自好。譬如耳目鼻口，皆有所明，不能相通。犹百家众技也，皆有所长，时有所用。虽然，不该不遍，一曲之士也。判天地之美，析万物之理，察古人之全，寡能备于天地之美，称神明之容。②

这种"天地之大美"是无待的、绝对的。它不同于世俗美丑之"美"。世俗之"美"，都是在某一特定方面的肯定性价值，只在一定时间空间条件下有效，也就是所谓"皆有所长，时有所用"。这些"众美"彼此之间并不一定兼容，"皆有所明，不能相通"。因此，世俗的审美判断，只是局限于一定范围的判断，并不具备普遍有效性，所谓"不该不遍，一曲之士也"。这些"一曲之士"们"判天地之美"，分裂、破坏了对于完整的天地之大美的感知，不能具备并且显示天地之大美："寡能备于天地之美。"用否定的口吻说，《庄子》的意思是：只有去除这些偏执、狭隘的审

---

①这里的"整体"，区别于亚里士多德的有机整体，也区别于杜威的经验连续性的整体观。它是与人的认识对世界、生活进行区别、分析相对立的存在本身的完整性、不可言说性、不可分析性。在这个基础上，这个"整体"也指不偏执于一隅，把世界、生活当成一个大的整体来看待，"该"而且"遍"。

②庄子集释.第四册.1961:1069.

美判断,才能让天地之大美完整自在地显现,获得一种普遍有效的审美判断。

从上面的分析我们发现:"大美"所超越的是日常的美丑分别,理由是这种美丑分别的主观性和相对性,要建立的是一种强名之为"美"的在审美经验中呈现的形式,是世界的自然样态,它不可分析、不可言说、不可割裂,但它可以通过直观以及生命的敞开去领会,"寓诸庸","备于天地之美"。

第二节　"大美"的四种类型

前面已经说过《庄子》提出了"大美"这个范畴,但要理解它的基本规定性,不能局限于"大美"一个概念,而要在整个文集中寻找逻辑线索,因为《庄子》在许多地方以不同的方式和角度对于这样一种最高的审美范畴进行了描述和界定。因此,要理解"大美",就要对其他类似的概念进行分析,比如《庄子》对"淡"之美、"静"之美、"天乐""至乐"的论述,都是用不同的话语对"大美"所代表的最高审美范畴的描述,可以把它们看成"大美"的不同类型。

一、"淡"美

《刻意篇》云:

若夫不刻意而高,无仁义而修,无功名而治,无江海而闲,不道引而寿,无不忘也,无不有也,淡然无极而众美从之。此天地之道,圣人之德也。[1]

首先,这里"淡然无极而众美从之"显然是"美德"之美,是指众多美好的品质。所以《庄子》把它定性为"天地之道,圣人之德"。鉴于审美判断和道德判断之间的交叉性,这样一种肯定性的价值评判,并不排除审美欣赏的可能。

所谓"不刻意而高,无仁义而修,无功名而治,无江海而闲,不道引而寿",极有似于康德"不带目的意识的合目的性"[2],而这正是康德意义上审美经验的本质之一。但《庄子》在这一点上的思考恐怕比康德更进一步,体现在:《庄子》强调不仅仅不带目的意识,可以达到合目的的效果;而且只有不带目的意识,才能真正合乎目的,合乎真正的目的。——而这个目的,就是自然和人的存在本身。

从这个观点,引出了"淡美"这样一个独特的审美风尚。

"淡"与"美"本是反义的。依一般意义,"淡"是否定的、去除的;"美"是肯定的、增益的。但是《庄子》恰恰在对立的两极中找到了实现目的的途径:只有否定,才能肯定;只有去除,才能增益。因为"刻意""仁义""功名""江海""道引"都是偏执一隅,有所得而必有所失,不能完全达到目的。只有不偏执,不落

---

[1]庄子集释.第二册.1961;537.
[2]判断力批判.2002;55—72.

入现成，才能把本性中一切可能性展现出来，与自然的存在相参映。"无不忘也，无不有也。"只有秉持平淡天真，才能"用心若镜""不将不迎"，让天地万物的一切存在在人的存在中映现出来，彰显一种天地之大美。这就是"淡然无极而众美从之"的逻辑。

《刻意篇》中还有："素也者，谓其无所与杂也；纯也者，谓其不亏其神也。能体纯素，谓之真人"的说法。"纯素"是和"淡美"类似的概念，可以看作是《庄子》独有的审美范畴。没有杂质，没有亏损；保持天然、纯粹、完整的心性，这样的一种意识就可以映现自然的真相，"能体纯素"。这种"真人"，其实也就是一个以自身的存在为目的的、审美化了的人。

二、"静"美

1. 什么是"静"美

《天道篇》中说：

> 静而圣，动而王，无为也而尊，朴素而天下莫能与之争美。[1]

"朴素而天下莫能与之争美"可谓"天地有大美而不言"的

---

[1]庄子集释.第二册.1961：458.

发展。所谓发展,首先,这里能看出"美"不再是一个日常审美范畴,甚至也不必是一个感性直观意义上的美感范畴,这里的"美"有道德上的肯定色彩。其次,"朴素"与"美"本是相对的两个范畴,在这里得到一种极端的统一。原因在前面:"静而圣,动而王,无为也而尊。"(《天道篇》)虚静以待天下,"虚则实""静则动"(《天道篇》),所以无往不胜,无为而尊,朴素而美。这种美,是一种因为本性的完满,使得世界的真相在全部直觉中得以生动显现所形成的积极生存状态。

2.如何达到"静"美?

《庄子》把人格修养的最高境界形容为"槁木死灰""堕肢体,黜聪明,离形去智"。既然如此,人何异于行尸走肉?何以还能有感受,何以认识世界真相,何以有直觉和对世界的直接观照?何以可能有我们这里正在研究的审美体验?

这样一个理论上的难点,在《天道篇》开篇的这段话中给出了解决:

> 圣人之静也,非曰静也善,故静也。万物无足以铙心者,故静也。水静则明烛须眉,平中准,大匠取法焉。水静犹明,而况精神!圣人之心静乎!天地之鉴也,万物之镜也。[1]

————————

[1]庄子集释.第二册.1961:457.

《庄子》谈静，这种静不等于物理上停止一切运动，"槁木死灰"只是一个比喻而已。这种"静"有许多规定性：

第一，"静"是指"心静"，而非肉体上、物理上的静止。这也是"心斋""坐忘""凝神"所要表达的意思。

第二，为什么会达到"静"？因为没有是非好坏的区分，不受得失成败的干扰，"非曰静也善"；同时因为没有分析判定，意识不粘着于外物，不被万物牵扯，"万物无足以铙心"。

第三，这种"静"不是一般的静止，而是像"水"一样的静。正是"水"的比喻解决了静止和意识之间的矛盾。《庄子》说过"人莫鉴于流水，而鉴于止水"，水静止下来，不是死寂，而是保持它的完整和平衡，恰恰只有这样，万物才自动在水面上映照出来、显现出来，"明烛须眉"；也只有这样，才能作为准绳，保证判断、行动的正确，"平中准，大匠取法焉"。

这样一种"水静"才是《庄子》之"心静"的确切含义。不是死寂，是本性的完整与平衡；不是无知，是一切在直观中真实显现。"水静"的比喻，使得《庄子》既解决了认识上的悖论，又解决了审美上的悖论。"圣人之心静乎！天地之鉴也，万物之镜也"——"心静"让万物自在而真实地显现在完整、平衡的意识中，这是真正的美，天地之大美。

在《天道篇》里还有：

故帝王圣人休焉。休则虚，虚则实，实则伦矣。虚则静,静则动,动则得矣。①

这里《庄子》的逻辑更明显了。所谓"虚"不是绝对的空虚;所谓"静"也不是绝对的静止。"虚"是因为"休"而达到的状态,是去掉是非利害计较之后,去掉了内心的重重障碍,打开了通向外界的所有通道,让世界万物得以进入,所以,"虚则实",得以充实并且合乎自然。同样的道理,"静"是因这个"虚"得来的,是水面一样的静,是内在的静,让万物的形象自在、灵敏而真切地显现,意识对世界有真实准确的反映,所以说"静则动,动则得"。

这种"不将不迎"的"镜"或者"水"的直觉的"虚静"状态,恰恰意味着,意识对世界的映照是此时此地的经验,它既不依赖过去的记忆,也不留存到未来。——而这,正是审美经验的典型特征。

三、天乐/至乐

1. 从"'静'美"到"天乐"

《天道篇》有一段由"虚静"谈到了"天乐"的问题:

> 夫明白于天地之德者,此之谓大本大宗,与天和者也;

---

①庄子集释.第二册.1961:457.

所以均调天下，与人和者也。与人和者，谓之人乐；与天和者，谓之天乐。

庄子曰："吾师乎，吾师乎！赍万物而不为戾，泽及万世而不为仁，长于上古而不为寿，覆载天地刻雕众形而不为巧。此之谓天乐。故曰：'知天乐者，其生也天行，其死也物化。静而与阴同德，动而与阳同波。'故知天乐者，无天怨，无人非，无物累，无鬼责。故曰：'其动也天，其静也地，一心定而王天下；其鬼不祟，其魂不疲，一心定而万物服。'言虚静推于天地，通于万物，此之谓天乐。天乐者，圣人之心以畜天下也。"①

何谓"乐"？"乐"在这里是用来描述一种内外协调的心理状态，"与人和者，谓之人乐；与天和者，谓之天乐。"虽然它超出了依赖具体对象的日常苦乐界限，但在协调、完满这一点上，依然可以用"乐"来描述。

何谓"天乐"？

第一，从原因上来说，"天乐"是人和自然之间相互协调、融合所产生的心理状态，"与天和者，谓之天乐。"而"和"所产生的原因，又在于虚静的心怀，让自然之中的道理在心灵中明白呈现，"夫明白于天地之德者，此之谓大本大宗，与天和者也"。

第二，从本质上来说，"天乐"是自然在人身上的实现。这样一种自然，是超越了时间、空间，没有是非善恶的偏见，包容

---

① 一般来说，《庄子》"天乐"之"天"即"自然"义，故成玄英把这句话解释为"俯同尘俗，且适人世之欢；仰合自然，方欣天道之乐也"。参见：庄子集释．第二册．1961：58－462．

了天地万物的精神。《庄子》说"吾师乎,吾师乎",正是说明了自然和人之间的关系——"师"①。当"师"实现了的时候,人就得到了"天乐"。"天乐"终归是针对人而言的,自然本身无所谓"乐",也不存在"乐"。

第三,从情状上来说,达到"天乐"的人,他意识到生死都是自然的一部分,"其生也天行,其死也物化",动静符合天然趋势,"静而与阴同德,动而与阳同波"。"天乐"的人,他在各个方面都免除了负面影响,无"天怨""人非""物累""鬼责"。

第四,从影响上来说,达到"天乐"的人,因为他的内心虚静,本性全足,内外朝彻,他可以包容、沟通天下万物,也能获得良好的身心状态,"一心定而王天下","一心定而万物服","言虚静推于天地,通于万物,此之谓天乐"。

总之,"天乐"是人生至高境界与天地最真实的存在相统一的结果,"天乐者,圣人之心以畜天下也"。

2. 何谓"至乐"? ——"至乐无乐"

下面这一段话,集中探讨了什么是真正的"乐"。

天下有至乐无有哉? 有可以活身者无有哉? 今奚为奚据? 奚避奚处? 奚就奚去? 奚乐奚恶?

夫天下之所尊者,富贵寿善也;所乐者,身安厚味美服好色音声也;所下者,贫贱夭恶也;所苦者,身不得安逸,口

---

①"师"乃师法、效法之义,参见此段之郭注、成疏。庄子集释.第二册.1961:463.

不得厚味,形不得美服,目不得好色,耳不得音声。若不得者,则大忧以惧,其为形也亦愚哉!

夫富者,苦身疾作,多积财而不得尽用,其为形也亦外矣。夫贵者,夜以继日,思虑善否,其为形也亦疏矣。人之生也,与忧俱生。寿者惛惛,久忧不死,何苦也!其为形也亦远矣!烈士为天下见善矣,未足以活身。吾未知善之诚善邪?诚不善邪?若以为善矣,不足活身;以为不善矣,足以活人。故曰,"忠谏不听,蹲循勿争。"故夫子胥争之以残其形,不争,名亦不成。诚有善无有哉?

今俗之所为与其所乐,吾又未知乐之果乐邪,果不乐邪?吾观夫俗之所乐,举群趣者,误误然如将不得已,而皆曰乐者,吾未之乐也,亦未之不乐也。果有乐无有哉?吾以无为诚乐矣,又俗之所大苦也。故曰:"至乐无乐,至誉无誉。"(《至乐篇》)①

一、日常所谓"乐",是感官愉悦,亦即"厚味美服好色音声",是指嗅觉、触觉、视觉、听觉上的享受。而这些感官愉悦,又要靠"富贵寿善"(财富、地位、寿命和荣誉)四种条件来保障。二、这种日常之"乐",是和"苦"相对的,随时可以转变为"苦"。一旦条件改变成"贫贱夭恶",人就会"身不得安逸,口不得厚味,形不得美服,目不得好色,耳不得音声",也就陷入痛苦。三、即使条件满足,维持"富贵寿善"而不陷入"贫贱夭恶",也不

———————————
①庄子集释.第三册.1961:608-611.

能完全保证实现"乐"。因为总的来讲,这四个条件,都是外在于人的自然存在,是对于人的自然存在的疏离甚至伤害。分开来讲:追求财富使人超出生存的必要而劳累,得到财富使人超出必要而消费,生存变得与本性无关;在较高的地位上,人们为满足超出个人生存的需要而忧虑,这就远离了自己的自然存在;过长的寿命,并不保证就能延长幸福,更多时候,只是延长了痛苦;而为了荣誉,很多人连性命本身都丧失了,快乐更无从说起。所以,这四样即使具备,也无法保证"乐"。四、日常所谓的"乐",未必真正快乐;反过来说,日常所谓的"不乐",未必真正不快乐。因为卸下财富,也就卸下了包袱;放弃地位,也就放弃了忧虑;不在乎寿命长短,从而保证生活的质量;不以身殉名,因此保全生命的存在。五、真正的"乐",绝不是有所依赖的,与"苦"相对、相转化的"乐"。真正的"乐",必须无所依赖,无所转化,它也可以说无所谓快乐与否。它是"无乐",因而也就"无苦";但因为"无苦",不妨也可以用"乐"来描述。所以,《庄子》说:"至乐无乐。"

这对我们分析审美愉悦有直接的启发作用。审美愉悦是我们现实所有的快乐中唯一不依赖于"富贵寿善"的"乐"。它不是由于任何外在条件的满足所带来的愉悦,而直接就是内在本性的和合,各种能力自由协调所产生的快感。这种快感可以由对象唤起,也可以无对象而自生。

由此,《庄子》也启发我们:审美愉悦的"愉悦"这个词,有些时候只是个不够准确的勉强说法,因为在审美体验中,人很多时候感受到的并不是真正的快乐、喜悦等情感,而是一种非常宁静、平和、深沉的精神状态。这种精神状态,就是无痛苦、无思虑、无负担的状态,即"无苦"的状态,因为"苦"就是"不乐",那么,这种状态从逻辑上可以描述成"无不乐",负负得正,也就是"乐"了。——审美之乐,很多意义上是这样成立的。这里面有着《庄子》所憧憬的"至乐无乐"的状态。

3. 如何"至乐"——"致命尽情"。

《天地篇》曰:

> 上神乘光,与形灭亡,此谓照旷。致命尽情,天地乐而万事销亡,万物复情,此之谓混冥。[1]

这里谈到了"天地乐"。为什么这样一种没有区别("万事销亡")、没有形式("与形灭亡")的境地,也可以称作"乐"呢?一般意义上的"乐"难道不是建立在是非得失之上的吗?或者出于对有所象征、暗示的形式的喜悦?这样一种无区别、无形式、不指向任何外在对象的"乐"是什么意思?它的来由是什么?

回答这样的问题,《庄子》给出了"情"的范畴。《庄子》多次谈到"性命之情":"彼正正者,不失其性命之情"(《骈拇篇》),"任其性命之情"(《骈拇篇》)。这里也把"命"和"情"相提并论。可见,"情"是和"性""命"相互解释的范畴。什么是"性命"?自

---

[1]庄子集释.第二册.1961:443.

然就是指人与生俱来的本性、个性、特性。而"性命之情",是这些本性的实现、施展、呈现。

按这段话的文义,如果一个人把自己的"性命之情"完善、发挥到成为"致命尽情",那么,万物也就显露出它们各自的本性,"万物复情";人的内在本性和万物的本性相互映照,混溟一体,显现为一种无分别的纯粹直观、一种完满,这就是"照旷"——这样一种人与万物本性完整显现的境地,就可以用"乐"来描述,它不是狭隘有限的"乐",而是天地之大"乐"("天地乐")。

所以,"天地乐"之所以成立的关键是"性命之情"的完满。因为完满的境界肯定是可以用"乐"来描述的。这个"性命之情",也可以帮助我们理解"天地之大美"。

《缮性篇》中还说了:

> 中纯实而反乎情,乐也;信行容体而顺乎文,礼也。礼乐遍行,则天下乱矣。[1]

内在的本性纯正、实存,反映在情感上,就是"乐"。这里《庄子》给了"乐"一个规范性的定义。"乐",不再是指外在对象带给主体的局部满足,而是主体内在本性的完满自足所自然表

---

[1]关于"中纯实而反乎情,乐也",郭象注为:"仁义发中,而还任本怀,则志得矣,志得矣,其迹则乐也。"成玄英疏曰:"既仁义由中,故志性纯实,虽复涉于物境而恒归于真情,所造和适,故谓之乐。"《释文》:"《乐也》音洛。注同。"(参见:庄子集释.第三册.1961:548—550.)因此,这里"礼乐(le)"与通常所谓"礼乐(yue)"相似又相别;"乐(le)"与"乐(yue)"本来就是相互解释的,前者是后者的主观根源,后者是前者的对象化。

现出来的情感状态,不是外在刺激在内在情感上的反映,而是内在状态的自然流露。

《庄子》这里的区分和规范,用在审美愉悦上面非常有效,审美愉悦虽然是艺术作品、自然景物所感发的,但正如康德所指出的,它本质上是"想象力和知性的自由游戏"[1],是"无关对象的存在",只关心对象的"主观纯形式"的经验[2]。那么,审美愉悦,就不同于日常饮食男女的快感,后者一定要依靠对象的实体,要消耗一个实体;也不同于道德的快感,道德的快感要对应一个具体的事件、行为。这样,审美愉悦与其他快感的区别,就有似于这里"中纯实而反乎情"的"乐"与普通歌舞升平之"乐"的区别。

"乐"是本性自足的情感表征,而"礼"则是本性自足的行为表征。按《庄子》这里的说法,如果一个人行为合乎内在本性,而整体的存在充盈而优裕("性行容体"),这一切表现出来,自然符合形式美的要求("顺乎文"),这也就是真正的"礼"。这个"礼"可谓人的行为审美化、人格审美化,但是这种审美化不是外在的修饰和做作,而是本性自足在言行举止中的体现。所以它和世俗所谓的"礼"相异,后者是外在规则对内在本性的约束、修饰,而《庄子》的"礼"类似人格本身的艺术性。由内而外,自在自足。

"礼乐遍行",按郭象注和刘文典考,"遍"当为"偏"[3],这句

---

[1] 判断力批判. 2002:52—53.
[2] 同上书,第48—51页。
[3] 刘文典. 庄子补正. 昆明:云南人民出版社,1980:504.

话的意思,正如郭象所说:"以一体之所履,一志之所乐,行之天下,则一方得而万方失也。"①也就是说:上面讲到的,作为人本性自足的情感表征的"乐"及其行为表征的"礼",是具体的、时间性的,它只对应具体的人,他在具体时空中本性自足的存在、表现,不能作为普遍法则施用于其他人和事上面,否则,只能是"天下乱矣"。所以,"乐"和"礼"不能普遍化、抽象化,而只能用来描述具体的、审美性的人的存在以及他的情感和行为。

四、自然之美

1. 从"对自然的审美"到"自然地审美"。

《秋水篇》中有一段可以帮助我们理解什么是《庄子》意义上的"自然",从而理解现代所谓"自然美"的"自然"在中国传统语境中之所指。

> "……故曰,天在内,人在外,德在乎天。知天人之行,本乎天,位乎得,蹢躅而屈伸,反要而语极。"
>
> 曰:"何谓天? 何谓人?"
>
> 北海若曰:"牛马四足,是谓天;落马首,穿牛鼻,是谓人。故曰,无以人灭天,无以故灭命,无以得殉名。谨守而勿失,是谓反其真。"②

---

①庄子集释. 第三册. 北京:中华书局,1961:550.
②同上书,第588—591页。

"天"就是"自然""天然"的意思,诸家注解就这个问题已达成共识①。这里对"天"的理解也就是对"自然"的理解。

一、"自然"在《庄子》这里指的首先是内在的自然,也就是天地万物与生俱来的本性,"牛马四足,是谓天"。由此推论,作为"自然界"的自然,就是那些以与生俱来的本性存在着的万物之总和。

二、这个"自然"与"人为"相对立,所以,也可以说:非人为的,就是自然。"人为"指的是通过人的意志所支配的行为,影响或改变事物(包括人自身)的与生俱来的本性,"落马首,穿牛鼻,是谓人"。

三、"自然"优于"人为",不能以人为伤害自然,"无以人灭天"。不能以人的意志做出超出或者有损于人或事物自然本性的事情。保持内在本性是最重要的事情,保持本性的存在才是真实的存在,"谨守而勿失,是谓反其真"。

从而,在《庄子》的思想中,我们可以对自然和自然审美有一种独特的理解:对自然的审美欣赏,不仅仅是对于外在的自然世界、自然对象的欣赏,而且,也是对于人和万物内在自然本性的欣赏。后者,或许更是自然审美欣赏的要害。人之所以可以欣赏自然之美,很可能是因为外在自然事物唤起了人内在的自然本性。因此,与其说人对于"自然"有一种欣赏的经验,不如说在这种经验中,人正"自然地"欣赏着这个世界。"自然美"中的"自然",也可以由一个名词而变成副词,从"自然所具有的

---

①庄子集释.第三册.北京:中华书局,1961:558-591.

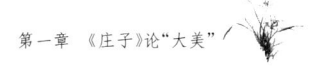

美”变成“因为合乎自然而产生的美”

2. 无所不在的美

> 东郭子问于《庄子》曰：“所谓道，恶乎在？”
>
> 《庄子》曰：“无所不在。”
>
> 东郭子曰：“期而后可。”
>
> 《庄子》曰：“在蝼蚁。”
>
> 曰：“何其下邪？”
>
> 曰：“在稊稗。”
>
> 曰：“何其愈下邪？”
>
> 曰：“在瓦甓。”
>
> 曰：“何其愈甚邪？”
>
> 曰：“在屎溺。”东郭子不应。《庄子》曰：“夫子之问也，固不及质。正、获之问于监市履狶也，‘每下愈况’。汝唯莫必，无乎逃物。至道若是，大言亦然。”（《知北游篇》）①

这一段对话，虽然著名，却很少被引入《庄子》美学的探讨。虽然这里表面上谈的是“道”的问题，但其观点和逻辑极大地启发了我们对于审美的看法。

“道”是无处不在的，如果连最微贱、最不被人察觉的事物，都包含有“道”的本质，那么，天下还有什么地方没有“道”呢？同样的道理，“天地有大美而不言”，无所不在的天地之“大美”，

---

①庄子集释.第三册.1961:750.

041

也一定存在于"梯稗""瓦甓"乃至"屎溺"之中。换句话说，从"道"的角度来说，一切无所谓美丑，也可以说一切都是美的，一种超越对待的自由自在的审美存在，《庄子》说"以道观之，物无贵贱；以物观之，自贵而相贱"，美丑贵贱只是人为的偏见，在"道"的立场上，一切都可以进入审美。

现代艺术中小便池、工业废料、生活现成品都进入博物馆作为艺术品被欣赏和接受，这里面当然有许多文化、历史乃至政治背景。但《庄子》思想可以为这一现象做一个很好的形而上学的诠释："道"无所不在，它可以在一切事物上显现；当道以感性方式显现，也就是说，当道被直观到的时候，审美经验也就产生了。

《渔父篇》中说："人有畏影恶迹而去之走者，举足愈数而迹愈多，走愈疾而影不离身，自以为尚迟，疾走不休，绝力而死。不知处阴以休影，处静以息迹，愚亦甚矣！"这个比喻当然不是谈论与美学有关的问题。但对于美学却不无启发：在艺术史上盛行过浪漫主义、理想主义的主张，对"理想的美""纯粹的艺术"的追求一直不断，"为艺术而艺术"的观念影响深远。这里面包含着对日常生活的贬抑，试图超越日常生活，追求一种高尚的、形而上的价值。这就很像《庄子》这里所说的"人有畏影恶迹而去之走者"。

但是，这种追求本身也不自觉地作为日常生活的一部分存在着，许多艺术并没有超越日常生活，反而扩展了日常生活的范围，在生活其他方面发挥作用的情感、欲望、思想，在许多艺术中以更强烈的方式施展着。"举足愈数而迹愈多，走愈疾而影不离身。"

人作为存在者,他的一切活动都是现实的一部分。艺术来源于现实,又构成了现实。——要消除现实对精神带来的负面作用,有时候需要的不是超越,而是相反。一方面,艺术可以生活化;另一方面,生活也可以艺术化。存在都是意识的照射,如果艺术能赋予生活以某种高贵的形式,那么,艺术家就不用另辟蹊径、骑驴找驴。也只有这样,艺术才是对生活的鼓励,给每个人以生活的信心。如果艺术始终都是一种远在生活之上、遥不可及的理想,我们要它干吗呢?——因此,"不知处阴以休影,处静以息迹"。

3. 作为对象的自然之美

《庄子》里面很少谈到今天意义上对自然的审美欣赏,只在《知北游篇》里有一段文字谈及:"山林与,皋壤与,使我欣欣然而乐与! 乐未毕也,哀又继之。哀乐之来,吾不能御,其去弗能止。"

"山林与,皋壤与",它们都是带来审美乐趣的事物。但是它们在《庄子》的体系中,依然只是低层次的审美欣赏,因为它们依赖于特定的对象,当对象和条件不具备的时候,审美的乐趣就消失了。"乐未毕也,哀又继之。哀乐之来,吾不能御,其去弗能止。"可以看出,《庄子》对于欣赏自然风光所带来的审美快感是不以为然的。它的"天地之美"并非单纯的自然风光之美,而是包含对世界认识的,一种天地精神的感性显现。换句话说,这种显现是在人的意识中完成的,只有人的意识达到一定高度，这种美才出现。所以，自然之美与自然中事物之美，属于不同的审美层次，不可混淆。

通过对"大美"的四种形态的分析，我们发现了它更多的审美特点：非功利性、非实践性、无条件、非依赖性、无处不在、普遍有效。

总之，"大美"虽然超越了日常美丑的分别，但它依然保留了审美最核心的特点，因此它依然是一个审美经验所把握的对象，一个审美范畴。把它称作"美"只是为了概念表述的方便，或许我们可以更准确地把它称作一种"终极审美形态"。也正是因为这种"大美"超越了日常美丑的分别，它指出了审美经验的更深层次的本质，它是一种经验形态、一种存在样态，这就暗示了一种不依赖于特定对象的自足的经验质量、经验方式，是审美经验的真正本质，形容词"审美的"可以变成副词"审美地"，"美的"也可以变成"美地"。

第二章 《庄子》关于"美丑"的思想

我们说"大美"超越了日常的美丑分界，建立了一种独特的审美范畴。然而美丑的分别也并非一个简单的"超越"可以取消的。美丑之所以可能，而且必须被超越，《庄子》给出了它的理由。这从它给美丑的基本规定性和对美丑相对性的分析中可以看出来。

第一节 美丑的基本规定性：具有相对性的美丑判断是日常审美判断

一、日常美丑判断是和功利价值相关的判断

《人间世篇》说：

> 匠石之齐，至于曲辕，见栎社树。其大蔽数千牛，絜之百围，其高临山十仞而后有枝；其可以为舟者旁十数。观者如市，匠伯不顾，遂行不辍。
> 弟子厌观之，走及匠石，曰："自吾执斧斤以随夫子，未

尝见材如此其美也……"①

这里的"美"首先是广义上，站在某种立场上对一件事物价值的肯定。但具体来讲，这种价值，首先是一种审美价值。这棵树高大，"观者如市"，"弟子厌观之"，这就意味着对它所做的只是一种视觉上的审美欣赏，这完全符合我们日常意义上对于审美之"美"的使用。

但一如既往，这里的审美价值，放在另一个标准即匠石所关注的实用价值方面，却遭到了否定。匠石不顾，不是因为这棵树在感性上不能愉悦感官，而是它不符合匠石的实用价值。所以，树的审美价值虽没有被直接取消，但它由于不符合另一个价值标准，在给人的总体感受上就出现了问题。也可以说，实用价值妨碍了匠石对它的审美价值的感应。所以，审美不是一个孤立的经验，它受到认知、伦理方面各种经验的干扰。

匠石因为栎社树缺乏实用价值，而一并抛弃了它的审美价值；《庄子》又借栎社树之言，用一种更高的标准，否定了匠石的实用标准。匠石只知具体功利的"有用之用"，却不知在工具性价值之上，独立自在的生命状态所意味着的更大的价值即"无用之用"。（《人间世篇》）

应对实用功利思想对于独立审美价值的否定，《庄子》不像许多西方美学家，致力于强调艺术、审美不受功利标准的左右，独立于功利之外，强调艺术的自律。《庄子》干脆颠覆了日常对

---

①庄子集释.第一册.1961:170—171.

于利害的认识,找到了一种超越利害区分、日常实用功利之上的一种更高的生存价值。换言之,《庄子》把审美的存在本身当成了最高的价值,用它评判别的价值,而不是任其置于其他价值的凌驾之下。

二、日常美丑判断也和道德判断相关

《天地篇》中有:"德人者,居无思,行无虑,不藏是非美恶。"此处的"美恶(丑)",明显是一对道德范畴,并且是和知识范畴"是非"相互解释的。当然,这个"美恶(丑)"也可以涵盖审美意义上的美丑。但这种美丑的分判,都是从属于人的概念分析能力的。

正如《庄子》里面的"艺(术)"有不同层次的含义。《庄子》里面的"美"也是。日常意义上的美丑,是建立在人的认识能力基础上的,是对世界的分析、区别,是概念能力的延伸。但日常审美中的美丑经验,也包含了认识能力之外的直观能力。所以,尽管《庄子》超越日常意义上的美丑,却还可以谈论"美"和美的经验。这是因为,去除了建立于认识、区分基础上的美丑意识,却保留了审美经验的核心——直观能力。所谓"天地有大美而不言",说的正是这样一种摒除了是非偏见之后,世界在直观中的整体显现。

而《天地篇》中提出了一个超越审美相对性的例子:"厉之人,夜半生其子,遽取火而视之,汲汲然唯恐其似己也。"——即使在现实经验中,审美也可以超出个人的个性、处境,成为一种超个体的、普遍有效的判断。

即使丑人自己，也不希望他的孩子像自己一样丑，这说明美丑判断具有一种比较明确的普遍有效性。

而这里的美丑，既然是"取火而视之"，无疑是审美意义上的美丑，而不是《庄子》中多处出现的道德意义上的美丑。

第二节　美丑的相对性

一、美丑判断的局部有效性①

《齐物论篇》有一段著名的话：

> 毛嫱丽姬，人之所美也；鱼见之深入，鸟见之高飞，麋鹿见之决骤。四者孰知天下之正色哉？②

《庄子》首先承认：毛嫱丽姬是"人之所美"。也就是说，在人的范围内，把毛嫱丽姬判断为美是成立的。《庄子》反对美，只是否认美在其适用范围之外普遍有效，而不是无视现实生活中局部有效的美。但是，这种局部有效的美，越出其适用范围，

---

①所谓"局部有效性"是相对于"普遍有效性"而言的，只在有限范围内适用的有效性。
②庄子集释.第一册.1961:93.

则无所谓美，甚至也可以是丑了。于是人之所美的毛嫱丽姬，对于鱼、鸟、麋鹿而言，就是恐惧、憎恶的对象了。其实这是一种夸张用法，这里的鱼、鸟、麋鹿，何尝不能比作有不同文化背景、生活习惯的人呢？所以，并不存在一种普遍有效的客观之美。"四者孰知天下之正色哉？"日常生活之美是对特定形象的直观上的满意，因为这种形象和一定生活习惯、文化教养相符合。

这个意思反用之，也可以说：只要给事物量身定做一个认知框架，那么，一切事物都可以是美的。在不同时代、不同文化背景下，由不同的认知框架产生了不同的审美观，使得一部分显现为美，一部分显现为丑。但从全体来看，一切事物都可以美，也都可以丑。

这里还有一个有意思的问题值得关注：为了说明美丑的相对性，《庄子》不是举人为例，而是拿人与动物相比。潜台词就是：动物也具有那种相对的美感，如果美感有客观上的普遍有效性，那么，人感到美的，动物也应该感到。这样一种逻辑，在西方是不太可能出现的。在这段文字背后，《庄子》认为人和动物是具有可比性的。如果说，理智上的成就只适用于人类，那么，审美经验却能适用于所有生物。这实在是一个值得深入的课题。因为即使难以证明动物有思想，至少比较容易证明：动物有感觉、直觉。因此，对于一种在理智判断之外的审美体验，动物也可以分有。动物不能欣赏人所认为的美，并不证明动物不能审美；恰恰证明了，同样有着感受力的动物所不能欣赏的，只是一种局限于人类的狭隘之美。也许存在着另一种美，人和动物都能欣赏。当然，动物的审美是先于理智，而人的审美则超于理智。

二、美丑的相互转化

1. 道德判断扭转美丑判断

> 阳子之宋，宿于逆旅。逆旅人有妾二人，其一人美，其一人恶，恶者贵而美者贱。阳子问其故，逆旅小子对曰："其美者自美，吾不知其美也；其恶者自恶，吾不知其恶也。"
>
> 阳子曰："弟子记之：行贤而去自贤之行，安往而不爱哉！"（《山木篇》）[1]

谈及《庄子》美学，人们多提到这一则故事。我认为这里有两个意义层次需要澄清。

首先，"逆旅人有妾二人，其一人美，其一人恶。恶者贵而美者贱"，这里的"美"与"恶"是指美学意义上的美丑，亦即一件事物在形式上对于感官的可愉悦性。尽管对于二者的道德评价与审美评价相反，"恶者贵而美者贱"，但道德评价并不改变审美评价，"美"者虽然"贱"，但不失其美。

其次，在"其美者自美"之中，第一个"美"固然是审美意义

---

[1]庄子集释.第三册.1961:699－700.

上的美,而第二个作意动用法的"美"则大于审美意义,是一个更广泛的肯定性评价、价值判断。它固然是以审美判断为起点,却把审美判断扩大为总体性的价值判断。

再次,"吾不知其美"中的"美",却是一个受到道德判断影响、加入了道德因素的审美判断。这里涉及一个有价值的问题:审美判断是否受道德判断的影响? 更进一步说:道德判断是否有时候掺杂在审美判断之中,成为其一部分。《庄子》这里的回答明显是肯定的。"吾不知其美"的"知"当然还是一种感受、体验,而不是认知。但由于道德上的认识,竟然也改变了一个人的审美感知,使得逆旅小子感受不到美者之美了。

最后的结论是:要加强个人的人格修养,通过道德上的价值去获得一种更高的也更巩固的肯定性的感性、情感(审美)判断。

2. 功利判断扭转美丑判断

> 人之生,气之聚也;聚则为生,散则为死。若死生为徒,吾又何患! 故万物一也,是其所美者为神奇,其所恶者为臭腐;臭腐复化为神奇,神奇复化为臭腐。(《知北游篇》)①

"美",在这里用作动词,是肯定性的价值判断,虽然不仅限

————————
①庄子集释.第三册.1961:733.

051

于审美判断,但首先涉及审美判断。

西方美学史上曾引起争论的"美"是否有客观标准的问题,在《庄子》这里并不存在。在《庄子》看来,"美"肯定没有客观标准,它完全是主观的、约定的。就存在本身而言,无所谓"美一丑"("生一死"、"神奇一臭腐"),"万物一也",一切区别都只是同一个存在的不同形态而已,"聚则为生,散则为死"。能够造成区别的不是客观世界,而是人的主观判断。人把符合自身认识条件、价值标准的东西判断为"神奇(美)";把违背自己认识条件、价值标准的东西判断为"臭腐(恶)"。这种判断并不是事物自身的属性,而是事物与人之间的一种主观关系。因为这种关系是主观的、约定的,因此它没有客观、固定的标准,美丑之间可以相互转化,任何事物在一定条件下都能进入审美判断,"臭腐复化为神奇,神奇复化为臭腐"。

很有意思的是,西方 20 世纪的先锋艺术运动从审美角度佐证了《庄子》的这一观点。杜尚的小便池进入博物馆,成为艺术史上的杰作。这正是"臭腐复化为神奇"的经典案例。而这种奇迹之所以成立,就是因为审美并不存在客观、持久的标准,"是其所美者为神奇",给任何事物留下了进入审美(艺术)领域的可能性。当然,这种主观约定的审美判断,也不是随心所欲,而是有条件的。"聚则为生,散则为死",一定的形态对应一定的条件,不同条件成全不同形态。

《盗跖篇》又有:"故《书》曰:'孰恶孰美,成者为首,不成者为尾。'"假托所谓的《书》,这里《庄子》在否定的语境中陈述了这样一种世俗的美丑标准:美丑与否,有时候是由"成"与"不成"来决定的。也就是说,感性上的可愉悦性,在日常生活中,经常受到利害得失的影响乃至支配。

这种情况,跟美学中强调的非功利就恰恰背道而驰了。但美学除了提出规范,也负责描述事实。"成者为首",为美;"不成者为尾",为恶,这在现实中是存在的。有成就、有地位的人,在人们的感性直观中容易引起美好的感受,这不仅是人们的价值观得以应验时的主观反映,甚至也是有客观依据的。因为成就、地位在某种程度上的确可以改变一个主体的感性形象:健康,优雅,红润……反之亦然。

这样的维度,提醒我们:在非功利的理想和标准之外,另有一些与此相悖的现实,它们中间也蕴含了某些审美规律。不管美学家们情愿不情愿:现实功利不仅存在于审美现实中,甚至参与构成审美经验。

三、日常美丑的一致性:失性

《天地篇》说:

> 百年之木,破为牺尊,青黄而文之,其断在沟中。比牺尊于沟中之断,则美恶有间矣,其于失性一也。[1]

这一段,以"性"的保全作为更高标准,超越日常的美丑标

———————————

[1]庄子集释.第二册.1961:453.

准,和《在宥篇》中所谈到的"昔尧之治天下也,使天下欣欣焉人乐其性,是不恬也;桀之治天下也,使天下瘁瘁焉人苦其性,是不愉也。夫不恬不愉,非德也"异曲同工。

大家都谈到《庄子》的"相对主义"。其实《庄子》不是简单的相对主义,甚至不是老子那样"有无相生,难易相成"的认识论上的纯粹相对主义。《庄子》并不拘泥于用相对两面相互抵消来破除孰高孰低的争执和偏见,它提出了更高的标准,在这个标准下,用较低标准衡量出来的美丑自然就失效了。

《庄子》把"性"的全足、实现和完满显现当作真正的"大美"。由此出发,只要是对"性"的损伤、破坏,就都谈不上美,即使在外观上符合形式美和日常的审美观。所以,"百年之木",被剥夺了天然之本性之后,无论是用"青黄而文之"来充当"牺尊",还是扔在沟里,都不值得欣赏——即使从日常的意义上说它们也是有美恶之分的。

第二章 《庄子》关于"美丑"的思想

第三节　相对中的绝对：日常美丑判断的客观依据

一、"所以美"

《天运篇》中有一个著名的故事：

> 故西施病心而矉其里，其里之丑人见之而美之，归亦捧心而矉其里。其里之富人见之，坚闭门而不出，贫人见之，挈妻子而去之走。彼知矉美而不知矉之所以美。[1]

在这则故事以前，《天运篇》借"师金"之口分别讲了"已陈刍狗""推舟于陆"，桔槔"引之则俯，舍之则仰"，"猿狙而衣以周公之服"的比喻来否定孔子"行周于鲁"，把已经过时了的周朝礼法度数推广到鲁国的现实中的企图。这种不合时宜、逆潮流而动的做法必定失败。

结合这些寓言所共同揭示的道理，那么，东施效矉对于"美"的看法，首先，是强调了审美的时效性。审美经验是在具体的时空中发生的，具有时效性、不可重复性。同一个对象，并

---

[1] 庄子集释. 第二册. 1961：515.

055

不必然导致同一种审美经验；不同的对象，也不能因为分有同一种形式而导致同一种审美经验。"颦"的美是有时效性的，不但"里之丑人"不能重现这种美，即使西施本人，也只有在"病心"所制造的特殊情势下，才能展现出"颦"的美，若西施在健康的时候，也造作不出"颦"的美。美（审美经验）有时效性，不可重复，既不依赖于固定对象，也不依赖于对象的固定属性。

其次，这则故事也说明：美是有条件的。在这则故事里，美不是纯形式，一种形式只有配合一定的条件，才可以被判断为美。在这里，"病心"是一个具体的、时间性的情境，而"西施"是一个决定性、本质性的条件。若不具备本质性的条件，光具备一种形式——"颦"是无法唤起审美经验的。

"美"和"所以美"是不可分割的一体两面。"美"是"所以美"的外在显现，"所以美"是"美"的内在根据。我们已经在很多地方分析过，在《庄子》看来，美是人的完整、自足的存在在全部直觉中的显现，没有显现无所谓美，但没有内在本性的全足，显现的绝不是美。这也就是《德充符篇》中多次谈到"君形者""使其形者"的意思，"形"不是一个孤立外在的形式，它是某种内在精神的显现，光是光源的显现，并非离开光源而有独立的光。

《庄子》反对形式主义的观点在这里是很明确的。

二、"生而美"

《天运篇》中提到"鹄不日浴而白，乌不日黔而黑"。白鹭不需要每天洗澡，天然就是白的；乌鸦不需要每天染黑，天然就是黑的。"天不得不高，地不得不厚"，白鹭不得不白，乌鸦不得不黑。

我们可以这样理解：当一个外在形象，是内在本性的自然流露，那么，它天然具有审美属性。西施捧心而颦，就是美；东施效颦，违反本性而造作，就是丑。引申开来，一切都可以是美的，只要它的形象是本性的真实显现。

《则阳篇》又说：

> 生而美者，人与之鉴，不告则不知其美于人也。若知之，若不知之，若闻之，若不闻之，其可喜也终无已，人之好之亦无已，性也。[1]

这里出现了大概最早把"美"和"鉴"（鉴赏）放到一起讨论的文字。这段文字对美学研究者有如下启发：

第一，美作为一种审美价值，是对象和主体间的一种关系，它有待于鉴赏活动对它的反映和认可。因此，"不告则不知其美于人也"。

第二，美同时也可以是一种易于唤起美感的本性。它作为事物的本性，固然可以唤起审美经验，但是它自身独立于审美经验，欣赏者的鉴赏活动，并不影响它唤起审美经验的能力，也不影响其他人对它的审美评价："若知之，若不知之，若闻之，若

——————————
[1]庄子集释.第四册.1961:882.

不闻之,其可喜也终无已,人之好之亦无已。"因为它的审美价值不是出于偶然,而是出于一种稳定的本性。

所以,在《庄子》看来,有两种美:一种是因人而异的美,是事物的感性形态和主体趣味相吻合所产生的美感经验,因此"毛嫱西施,人之所共美也;鱼见之深入,鸟见之高飞";另一种是内在于事物的审美属性,是事物唤起审美经验的特殊能力,是"生而美者"。我们可以说,大部分艺术作品可以归于后者,尽管审美标准总是在变化,但艺术作品总是为审美欣赏而创作出来的,它本质中就有审美潜力。当然,在审美趣味相对稳定的文化中,某一类型的人和物,也都可以是"生而美者"。它们拥有独立于鉴赏之外的美,更准确地说,它们的审美效力独立于具体的审美经验。至于它们是否依赖一个更大的文化历史的审美语境,这里《庄子》没有涉及。

三、"失其美"

《大宗师篇》说:

> 夫无庄之失其美,据梁之失其力,黄帝之亡其知,皆在炉捶之间耳。[1]

---

①庄子集释.第一册.1961:280.

为了达到与造化一体的境界，和光同尘，玄同彼我，感受无言的天地之大美，"无庄"这个美人必须丧失她的美，才能得道，因为站在超越知识分别的道的境界，美丑界限是不存在的，自然也无所谓美丑。持有美，就是持有一种区分、识别，失其美，就是遗弃这种区分、识别，达到一种忘我的体验。由此我们也可以推论：一个人若还能用言语表达其审美状态，则这种状态还不是真正的审美，真正的审美是一种遭遇、一种自失、一种人和对象的完全同一。

纵观本章所述，我们可以看出：《庄子》反对美丑判断，是和它反对功利、儒墨义务论道德观结合在一起的，是因为日常美丑分别并不真实、不稳定，也不具有普遍有效性，但是它对日常美丑区别的局部有效性并不是无视的。它做的不是取消那事实上存在的局部区别，而是超越于其上。

第三章　《庄子》关于"美善"的思想

在某种意义上,《庄子》的"大美"也可以换成"大善","天地有大美"也可以换成"天地有大善"。"善"和"美"在《庄子》中有着比别处更多的关联,或者毋宁说,"美"与"善"的深刻关联在《庄子》中被揭示得最多。在《庄子》中,"美"可以用来形容"善",反之亦然。但这并不至于泯灭美善的界限,而是使得"善"更自由,"美"更深刻。本章就是考察这种美善关系的各个方面。

第一节　作为"善"的"美"

《人间世篇》中说:"且德厚信矼,未达人气,名闻不争,未达人心。而强以仁义绳墨之言术暴人之前者,是以人恶有其美也,命之曰灾人。"这里的"美",明显是一个价值判断、道德判断,可以用"好""善"来替代,并没有从感性体验这个意义上来谈"美"。这是《庄子》中广义上的"美"。

《人间世篇》还有"美成在久,恶成不及改"的说法。这里的"美",则明显指伦理上的正确性、合法性。合理的、有益的行为有待时日,也能持久,相反,不合理、有害的行为则悔之晚矣。

这是《庄子》论"美"的又一含义。

"汝不知夫螳螂乎？怒其臂以当车辙，不知其不胜任也，是其才之美者也。戒之！慎之！积伐而美者以犯之，几矣！"（《人间世篇》）这两个"美"，都是一种价值判断，肯定一种人或事物具备某种优良品质。但这种美也只在一定范围内有效，当它试图越出其范围而发挥作用，就成了螳臂当车了。这依然不是普遍意义上审美之"美"，亦非《庄子》意义上超越世俗美丑之"美"。

《人间世篇》："夫两喜必多溢美之言，两怒必多溢恶之言。"

这里的"美"显然是"赞美"的意思，是一种价值上的肯定。

但这种价值上肯定，既可以违背现实，也可以违背伦理要求，所以它可以"溢"。而且，它是受制于一种情感偏好，亦即这里所谓的"喜怒"。不像我们通常理解的感性意义上的美，是因为美而喜悦；这里恰恰相反，是因为喜悦而以之为"美"，所以"美"成为一种情感偏好的代名词。作为情感上的肯定和认可，这是《庄子》里"美"的又一层意思。

第二节 作为"美"的"善"

《德充符篇》提到许多"德有所长而形有所忘"的人物形象：

闉跂支离无脤说卫灵公，灵公说之；而视全人，其脰肩肩。瓮盎大瘿说齐桓公,桓公说之;而视全人,其脰肩肩。
故德有所长而形有所忘,人不忘其所忘而忘其所不忘,此
谓诚忘。①

这些蜷腿、散架、没有嘴唇、长着大肿瘤的人,看上去丑极
了;但他们跟卫灵公一席长谈之后,灵公再去看那些健康完好
的人,反倒觉得他们脖子细长,丑陋难看了。

第一层,是日常层面上,生理感官上的美丑,在这个意义
上,那些残疾人是丑的。但与他们谈完话,也就是说,当他们心
灵、精神的光辉照亮卫灵公的意识之后,卫灵公就进入第二层
的审美,是一种被精神、道德改造过的更深层次的审美。

我们可以看出,《庄子》是承认道德判断对于审美判断的巨
大影响的。审美不仅是原始意义上、直接的官能感受,更是一
种思想道德意识在全部感官中的还原。一种道德判断,它不仅
在抽象认识层面改变了人对事物的认识,也改变了人对事物的
感官感受。那种认为审美经验独立于道德、认识之外的主张,
只可能是一种理想,甚至是对审美活动本质的误解。并不存在
一种"纯粹"的审美,不是说条件不具备而不可能,而是说,从严
格意义上,脱离了认识和伦理判断,审美经验就不会发生。审
美是人类的高级活动,是全部心智、道德意识在直觉中的刹那
显现。在什么事物身上发生这样一种体验,取决于对象和主体
之间是否有某种契合,这种契合若是外在形象,则产生日常形

①庄子集释.第一册.1961:216-217.

式主义的所谓美丑经验,这种契合若是内在精神,则产生《庄子》意义上的审美经验。当然,这种区分只是理论上的简单化,其实内在精神总会外化为形象,这时候,对内在精神的肯定性评价也会转化为对其外貌的肯定,一些形象以肯定性面貌在意识中浮现,一些则沉下去,"德有所长而形有所忘",以至于"视其全人,其脰肩肩"。

这里《庄子》提醒我们直面一个美学史上向来被遮遮掩掩的问题:审美经验的道德本质。其实这个问题在中国哲学中是很肯定的,甚至把审美极端化为一种道德的显现,人格的"充实之谓美""文质彬彬"才是理想的美。

我们的日常经验也告诉我们:一个人看上去是一个美人,但深入接触之后,发现这个人言辞低俗、举止毫无修养、损人利己,便会对这个人心生厌恶、恶心,不再把她看成美人,而是类似"毒花""蛇蝎"的形象了。相反,一个老人,皮肤皱巴巴、毫无光泽,体态臃肿伛偻,但与之相处,他的慈祥、仁爱、豁达、明智,却令人产生美好、温暖的感受,以至于以后一见到他就心生喜悦。

康德说"美是道德的象征"(或译为"美是德性一善的象征")①,是一种保守的说法,他让美和道德平行,只是相似而已。其实,很可能这样说也有道理:"美是道德的显现。"

历史上的教训告诉我们:这种观点,要么让审美沦为道德的工具,要么让道德成为表演。在孔孟的框架里谈道德和审美

---

①判断力批判.2002:198—202.

的一致是危险的,甚至在老子那里谈这个问题也不妥,因为他们的道德都有政治色彩。只有在《庄子》这里,这个判断才成立,因为《庄子》找到了审美和道德的契合点:自在自为。

一种道德,只有当它把人本身当成目的的时候,才真正可以和审美一致。一种道德,若它不是致力于训练人更好地为人处世、治国齐家,而是致力于把人本身塑造为一个完整、自在、豁达的存在,把人本身作为一件艺术作品来雕刻,它才是值得欣赏和追随的。《庄子》的思想,"自得""适志""无用之大用",就是这样一种道德理论,而在这个意义上,我们又可以反过来说"道德是对人的艺术塑造"或"道德是人的存在审美化"。

《庄子》中体现这种显现为美的道德,还有以下几处:

如《天运篇》说:"龙,合而成体,散而成章,乘乎云气而养乎阴阳。"龙,在《庄子》这里是借孔子之口用来形容老子的一个比喻,可以看作一种人格的至高境界。这种人格的至高境界,既是道德的,又是审美的;就其内在本体而言,它是人全足、真实的自然本性;就其外在表现而言,它是本性的自然彰显,是美;所以说"合而成体,散而成章"。这里体现了《庄子》道德和审美一体化的观点。对于一个至上人格,它本质上是道德,显现出来的就是美。

《渔父篇》说:"天子诸侯大夫庶人,此四者自正,治之美也;四者离位而乱莫大焉。"这里,"美"是对一种秩序的肯定性评价。当"天子诸侯大夫庶人"都各自充分实现其身份的时候,政治之"美"就显现出来。这种"美"是广义上的肯定性评价。它不必然是审美的,但也不必然排除一种审美暗示。与此类似的情况有"天地有大美而不言",这里面的"美"包含了伦理的、政治的判断,但也不排除审美判断。

《盗跖篇》有:"生而长大,美好无双,少长贵贱见而皆说之,此上德也。"这又是《庄子》用审美来定义道德的一个思路:首先,"上德"意味着"少长贵贱见而皆说之",令所有年龄阶段的人无论贫穷还是富贵都觉得自在、惬意;其次,这种"皆说之"的境界,只有通过某种合乎自然的、天生的本性才是可能的;这种独特的天性,不是别的,正是审美有效的天性,即"生而长大,美好无双"。

因为美是一种非功利的、形式上普遍有效的感性愉悦,因此它和道德在内在原则上是一致的,通过审美可以到达道德,通过道德也可以到达审美。但这里强调,要实现"上德",必须有某种非人为的、天然的审美有效性在本质中。

第三节 "美"是"善"的象征

> 水之性,不杂则清,莫动则平;郁闭而不流,亦不能清;天德之象也。故曰:纯粹而不杂,静一而不变,淡而无为,动而以天行,此养神之道也。(《刻意篇》)①

————————————

①庄子集释.第三册.1961:544.

这里首先表明的一个意思：水是天德的象征（"天德之象"），也是完整人格的象征（"养神之道"）。

具体来说，水只有单纯无杂质的时候才清明，不动荡的时候才能平静照人，但又不能停滞、闭塞，才能通畅、生动。

所以，修身养性，也务必做到"纯粹而不杂，静一而不变，淡而无为，动而以天行"，单纯、平静、恬淡、灵动。

这样一些美德通过"水"这个具体形象而得以显现，可以说，水是这些美德的象征，一个东西，它虽然本身不是美德，却因为与美德相似而象征着美德，根据康德的定义，这个东西就是"美"了①。

《让王篇》中有多处用音乐来表达一种高尚的人格情操：

曾子居卫，缊袍无表，颜色肿哙，手足胼胝，三日不举火，十年不制衣。正冠而缨绝，捉衿而肘见，纳屦而踵决。曳纵而歌《商颂》，声满天地，若出金石。

颜回对曰："不愿仕。回有郭外之田五十亩，足以给饘粥；郭内之田十亩，足以为丝麻；鼓琴足以自娱，所学夫子之道者足以自乐也。回不愿仕。"

孔子穷于陈蔡之间，七日不火食，藜羹不糁，颜色甚惫，而弦歌于室。②

---

①"美是德性—善的象征"，见：判断力批判.2002:198－202.
②庄子集释.第四册.1961:977,978,981.

当我们说起"美德"一词,一方面我们当然可以说:"美"在这里是一个道德价值判断,是和"善""好"相类似的词;但另一方面我们也可以反过来说:当一个人或一种行为真正合乎某种道德要求的时候,它能给人一种感性愉悦性,具备一种审美价值。那么,在"美德"里,"美"依然可以保留为一个审美词汇,不仅用"美"来形容"德",也用"德"来成全"美"。

在《让王篇》中,这三处不约而同:有德之人处于穷困微贱的境地,但因为他们有德,所以依然能生活得欢乐,这种欢乐以音乐、诗歌的方式表达出来。那么,是在哪一点上,德行和艺术审美活动互动起来了呢?

日常的欢乐,有赖于身体健康,物质生活富裕,而曾子却"缊袍无表,颜色肿哙,手足胼胝,三日不举火,十年不制衣。正冠而缨绝,捉衿而肘见,纳屦而踵决"。如此穷困潦倒,按说早已失去欢乐的基础,却能"曳纵而歌《商颂》,声满天地,若出金石"。

日常的欢乐,要么因为较高的地位和尊严,取得优越感和满足感,而颜回"不愿仕",过着平民百姓的生活,却能"鼓琴足以自娱;所学夫子之道者足以自乐也"。

日常的欢乐,来自命运的顺利、事业的成功,孔子却"穷于陈蔡之间",在最窘困危及的时刻,"颜色甚惫",却竟然能"弦歌于室"。

这说明:世上竟存在一种不依赖于健康、财富、地位、成就的欢乐。这种欢乐,就是道德的欢乐,也是审美的欢乐。换句话说,道德的欢乐是无外在条件、自足的,而审美的欢乐也是无外在条件、自足的,正是在这一点上,道德和审美沟通起来。也因此,有德之人容易在艺术、审美中找到欢乐,也容易通过艺术来表达自己的欢乐。反过来又可以推论出:要真正具备对严肃艺术的鉴赏力,人必须具有一定的道德修养。这里面更深层次的关系,我们也许可以借康德的名言来描述:"美是道德的象征。"

第四节 "美"是"善"的显现

审美和道德有着天然的亲属关系。在某种程度上(如果我们把道德看成个人人格修养,把审美看成审美体验),可以说道德是实现审美的途径(人格审美化、审美能力的培养),审美是道德的显现。

康德在审美经验中处处看到了道德的痕迹,"普遍有效性""合目的""自由"……二者的区别,康德谈了很多,但最引人注目的,是"象征"一词。"象征"意味着审美的关键在于形象,在于显现。在审美中重要的不是"事实上"是怎样,而是"显现"为怎样。这意味着,审美显现背后并不一定有道德成分,但审美象征、预示并且召唤道德内容,而道德的直观显现,多半是审美。当布罗茨基说"美学是伦理学之母"[①]的时候,可能有点夸

---

①布罗茨基.从彼得堡到斯德哥尔摩.王希苏,常晖,译.桂林:漓江出版社,1988:551.

张。但这样说应该是没有问题的：审美显示了道德的形貌，道德支持了审美的内容。当然，这里的"道德"更多的是指个体伦理、个人修养的道德，而不是主体间的、规范性的道德。

我们再回过头来看《庄子》思想。《庄子》思想看上去更像一种个体伦理学，关于个人应该如何在世间存在，如何去生活，如何实现个体的本性，成就一个完美的人格。正是从这一点出发，它能颠覆儒墨所制造的日常是非标准，因为它们把人格当作实现某种超验原则的手段。一种把人作为目的，把人的自由、人格的完整实现当成最高价值的伦理学，和美学就有了天然的亲属关系。这一点，不遗余力地推崇审美的康德和康德的追随者席勒是典型的例子。席勒说"美是自由的先声"[1]，类似思想也暗含在《庄子》中。

> 秋水时至，百川灌河。泾流之大，两涘渚崖之间，不辩牛马。于是焉河伯欣然自喜，以天下之美为尽在己。顺流而东行，至于北海，东面而视，不见水端，于是焉河伯始旋其面目，望洋向若而叹曰："野语有之曰：'闻道百，以为莫己若者。'我之谓也。且夫我尝闻少仲尼之闻而轻伯夷之义者，始吾弗信。今我睹子之难穷也，吾非至于子之门则殆矣，吾长见笑于大方之家。"（《秋水篇》）[2]

《庄子》对河伯是否真的"天下之美尽在己"进行了质疑。

---

[1]席勒文集.第6卷.张玉书，编.北京：人民文学出版社，2005：169—173.
[2]庄子集释.第三册.1961：561.

这里的"美"首先是一个肯定性的价值判断,有优点的意思。但这里无疑是有审美含义的,"美"是这种肯定价值的显现,所以一定要"秋水时至,百川灌河。泾流之大,两涘渚崖之间,不辩牛马",然后河伯才"欣然自喜,以天下之美为尽在己"。

"秋水时至,百川灌河。泾流之大,两涘渚崖之间,不辩牛马"是一种审美的情景,这种审美情景背后涉及一个价值判断。这个价值判断,就是河伯把自己的泾流判断为"大"。在长长的下文中,《庄子》分两个层次颠覆了这个判断。

首先,这个"大"的判断不是绝对的,它只在一定范围内有效。与"东面而视,不见水端"的北海相比,河伯的"大"变成了"小"。跟更小的对象相比,河伯可称为"大",但跟更大的对象相比,这个"大"就不成立了。"因其所大而大之,则万物莫不大;因其所小而小之,则万物莫不小。"因此,依据这个只在一定范围内有效的、相对的"大"而把自己判断为"美",是错误的。

更进一步说,这种"大""小"的分别本身是错误的。也就是说,不仅河伯不足以称为"大",就连北海也不能被判断为"大",因为"夫物,量无穷,时无止,分无常,终始无故。是故大知观于远近,故小而不寡,大而不多:知量无穷。证向今故,故遥而不闷,掇而不跂:知时无止。察乎盈虚,故得而不喜,失而不忧:知分之无常也"(《秋水篇》)。时间、空间、数量、变化,这些都是无限的,对于无限的事物来说,是无所谓大和小的。或者说,在无限的参照域中,一切都可以同样被看成小的,也可以同样被看成大的。

通过这两点,《庄子》否定了"大"这种判断的可靠性、真实性。河伯不但不"大",而且任何东西都不能被称为"大",大小判断本身就是荒谬的。于是,建立在这个基础之上的"美"的判断自然也就失效了。

但这并不意味着无法做出"美"的判断了。虽然无法在天下万物中区分出"大"或者"小",以此作为"美"或"丑"的判断依据。但是,万物都能保持各自不同的本性,这可以作为判断"美"的依据。也就是说,《庄子》去掉了一个不可靠的审美标准,找到了一个更可靠的审美标准——本性。

"梁丽可以冲城而不可以窒穴,言殊器也;骐骥骅骝,一日而驰千里,捕鼠不如狸狌,言殊技也;鸱鸺夜撮蚤,察毫末,昼出瞋目而不见丘山,言殊性也。"(《秋水篇》)《庄子》所认为的合理的价值判断,是和河伯那个判断有连续性的,它们都是对自身价值的肯定判断。区别只在于,河伯那个是和别的事物相比较,做出的一个并不真实的绝对判断;而按《庄子》,不用跟别的事物比较,这种肯定判断也是可以实现的。因为万物都有自己的本性,当每个事物把自己的本性发挥出来,就具有了肯定价值,也就可以把它判断为"美"。"以道观之,何贵何贱,是谓反衍;无拘而志,与道大蹇。何少何多,是谓谢施;无一而行,与道参差。"(《秋水篇》)没有多、少、贵、贱的差别,也没有单一、统一的标准,只要符合自己的本性,自然,无所拘束,就能与"道"相仿佛,显现为一种有价值、自足的存在。

所以《庄子》又绕回来了:河伯不能判断为"美",只是就它的那个标准而言,因为太狭隘,太相对,因此不是真实可靠的美丑判断;但这并不意味着河伯再没有机会被判断为"美",被否定的只是河伯据有的美丑标准,并没有否定一件事物自身的审美可能性。河伯作为河伯,当他实现了河流的本性,并且将它展现出来,那么,我们就可以说:河伯是美的。这种"美"不是靠比较得来的,不是外在的,而是内在完美性的外在体现。

第五节 "善"是"美"的途径 "美"是"善"的指标

一、"善"是"美"的途径

《知北游篇》中有:

> 若正汝形,一汝视,天和将至;摄汝知,一汝度,神将来舍。德将为汝美,道将为汝居,汝瞳焉如新生之犊而无求其故![1]

"德将为汝美"可以概括《庄子》对于审美和道德关系的观点:道德上的成就,可以影响、塑造一个人的感性形态,使他变得"美"。这不仅仅是通过好的品性与德行来影响别人的审美判断,而是在生理上都使得自己的审美品质发生了变化,"瞳焉如新生之犊"就是这种现实的生理上的审美优化。

---

[1]庄子集释.第三册.1961:737.

但并非任何一种道德成就都可以对审美有益。这里的道德成就是有规定性的："若正汝形,一汝视""摄汝知,一汝度"。不是要给自己灌输各种道德教条,而是专注于内心,保全本性,让自己的全部感官、意识凝聚起来,这样才能做到内外的协调,"天和将至""神将来舍",显现一种美妙的生命状态。

二、"美"是"善"的标志

《盗跖篇》中有:

> 故势为天子,未必贵也;穷为匹夫,未必贱也;贵贱之分,在行之美恶。[①]

既然天子未必贵,匹夫未必贱,那么贵贱在《庄子》这里就与社会地位和物质条件无关,也就是说,贵贱成为一种超越日常价值之上的道德判断。而这个判断,是针对人们的行为(而非地位)做出的,它所依据的,是行为的"美恶"。当然,我们很自然想到,这里的"美恶"是与"善恶"相近的范畴,用"美恶"来规定"贵贱"只是道德范畴内部的相互规定。但是,既然用"美恶",那么,这个词所携带的审美含义也无法避免。综观《庄子》的其他思想,道德判断和审美判断是相互依赖和渗透的。那么,行为的"美恶",也可以理解为行为所给人们带来的感性的

[①]庄子集释.第四册.1961:1003.

直观感受，也就是说，一个人的行为是否能在人们的直观感受中引起积极、肯定的评价，是判断他的行为是否合乎道德、是否高贵的一个重要标志。从这个意义上，"美是道德的标志"。

第六节　非"善"的"美"

一、"美"对"善"的损害

在《庄子》看来"美"与"善"并不只有一种积极关系，"美"也有损害"善"的时候。《盗跖篇》中就有：

> 尧、舜为帝而雍，非仁天下也，不以美害生也。[1]

按这里的观点：美与善有可能是对立的。尧舜"不以美害生"，也就是说，"美"之中有一种"害生"的可能性。"美"是一种价值判断——不论是道德判断还是感性判断，而"生"是一种存在，是天下百姓自由自在生活于世的现实。"尧舜"把后者看成是更根本、更重要的东西，他们从不为了在自己身上得到肯定的价值判断而损害天下百姓的自由自在。

存在先于判断，判断轻于存在。即使审美判断，也是如此。

---

[1]庄子集释.第四册.1961:1011.

顺着这个逻辑,我们也可以说:审美地存在,要比审美的判断重要得多。当然,我们需要判断,以确认我们是审美地存在着,但二者的主次先后是很清楚的。这就是"为帝而雍""不以美害生"的启示。

《列御寇篇》:"美、髯、长、大、壮、丽、勇、敢,八者俱过人也,因以是穷。"这句话说明的是:美虽然是一种肯定性的价值,但它也可能导致否定性的后果。生活中的"美"只是好品质之一种,它不意味着对生活整体的评价。生活作为整体,是由各种因素决定着的。如果某一个因素过于放大,与其他因素冲突,也会导致生活的失败,即使"八者俱过人"也有可能"因以是穷"。

二、来自功利的"美"

《盗跖篇》中说:"夫富之于人,无所不利。穷美究势,至人之所不得逮,贤人之所不能及。"这句话的大意是说:在日常现实中,财富的作用很大,几乎"无所不利",它所具备的审美有效性和控制力,比"至人""贤人"所能达到的都要大得多。

这里,"美"是广义上的感性可愉悦性,与"势"所代表的内在控制力相提并论。那么,它就未必是非功利意义上的审美价值。这种日常的感性可愉悦性,恰恰是依赖功利,由功利所产生的。在现实中,功利价值影响乃至左右了感性审美判断。比如说:当知道一幅画价值连城之后,许多人对它的审美判断要得以提升,更多的感官被调动起来,更大的专注被投入,更多的兴奋从大脑中的功利领域中调拨过来支援审美活动。的确,画变得"更美"了。在罗浮宫,《蒙娜丽莎》的大厅永远人满为患,而厅外走廊中的拉斐尔圣母像却保持安静。名气和经济价值是否真的在有些人的感官中注入了更多的审美享受,这难以确定,我们知道的只是:它的确对审美欣赏构成了现实的影响,有时甚至是正面的影响。

第二题

作为"花木"审美的《庄子》美学

把美学看作"艺术哲学"也是很有传统的一种观念,从亚里士多德的《诗学》直到黑格尔作为"艺术哲学"的《美学讲演录》、谢林的《艺术哲学》,无疑都把艺术看成美学理所当然的主要甚至全部研究对象,在很长时间内,美学和文艺学、艺术学之间并没有清晰界限。而到了近代,我们才发现,并不是所有艺术问题,都是美学问题;也不是只有艺术问题,才是美学问题。具体到《庄子》的美学思想,道理上是一样的:并非《庄子》所有关于艺术的思想,都是美学思想;也不是只有《庄子》对于艺术的思想,才是美学思想。而且,在很大程度上,《庄子》意义上的"艺"是和技艺、手艺、技术相交叉的概念,《庄子》对于我们普通所谓艺术的态度,也不仅限于一个"艺"字。我们需要在《庄子》整个思想中寻找它对于我们在历史上尽管有所变化也依然称之为"艺(术)"的社会文化领域的态度和认识。基于这些认识,我们才可以把它归为一种美学思想。

第四章　《庄子》的反艺术思想

《庄子》的艺术哲学,其核心却是反艺术。这给任何一个试图研究《庄子》中包含的艺术思想的人提出了一个难题。一种反艺术的思想,如何可能为艺术研究和艺术创造提供正面的启发? 回答这个问题,我们首先要弄清楚:《庄子》为什么要反对艺术,它所反对的到底是怎样一种艺术?

第一节　反世俗艺术

一、《庄子》反对的是世俗艺术

> 而且说明邪? 是淫于色也;说聪邪? 是淫于声也;说仁邪? 是乱于德也;说义邪? 是悖于理也;说礼邪? 是相于技也;说乐(也)[邪]? 是相于淫也;说圣邪? 是相于艺也;说知邪? 是相于疵也。天下将安其性命之情,之八者,存可也,亡可也;天下将不安其性命之情,之八者,乃始脔卷狯囊而乱天下也。(《在宥篇》)[1]

————————

[1] 庄子集释.第二册.1961:367.

这段话明显表明：一方面，《庄子》反对人们沉浸于感官享受，认为对于视觉感受的享受，是耽溺于色彩形式，而对于听觉感受的享受，是耽溺于声音节奏；另一方面，《庄子》反对日常的艺术，认为推崇礼仪修饰，是对于"技"的支持；喜好音乐歌舞，是对于沉沦的支持；喜好智慧，是对于"艺"的支持。言外之意，这些"礼""乐""技""艺"都是不好的东西。

为什么呢？因为它们都不是人的本性所必需的，并不必然合乎"性命之情"。在这个地方《庄子》给艺术留有余地，并不是绝对否定。它说：要是天下之人，他们能保护好、发挥好自己的"性命之情"，这些附赘悬疣的礼乐技艺从性命之情中自然生出，那它们就是可有可无的东西了，"存也可，亡也可"，不会有什么妨碍。如果天下之人，超出其本性的天然状况，去追逐、沉溺于外在的声色犬马，就会纠缠、扭曲，乱了本性，不得安宁。在这种状况下，自然也就没有真正的审美愉悦。

所以，我们一方面要承认：《庄子》的确是反对我们日常所谓的音乐、舞蹈、装饰等艺术，把它们看成是对本性的夸张、累赘甚至耗损。另一方面我们也要警惕，《庄子》这里所反对的有违本性的艺术，并不是真正审美经验的来源。也就是说，我们不能因此而推断《庄子》反对审美活动，因为放纵欲望，扰乱"性命之情"的艺术，并不等同于给人带来无利害审美愉悦的艺术。

更具体地讲，《庄子》在这一段里所反对的艺术，有类似我们现在所谓的"流行音乐""服装艺术""装潢艺术""美食文化""美容美甲"等之类放纵人类感官，溢出并扰乱人的本性完整的这类技艺,它们是"淫",是"乱"。

而真正的严肃音乐、美术、诗歌,它们不但不放纵、沉溺人的感官,反倒对人的感官提出更高的要求,对于快乐进行控制,它们是对人性的提升和完善。人在这种审美体验中,得到的也并非在上面那种"艺术"中所得到的狂喜,而是一种更为深沉的丰富感、充满感。恰恰达到《庄子》所向往的"安其性命之情"。

或者,也可以反过来判断:若一种艺术,能帮助人"安其性命之情",则为《庄子》意义上受到肯定的艺术,反之则是《庄子》所否定的艺术。

在《天地篇》中,《庄子》直接把日常这些欣赏、享受活动当作了"失性"的原因。

> 且夫失性有五:一曰五色乱目,使目不明;二曰五声乱耳,使耳不聪;三曰五臭熏鼻,困惾中颡;四曰五味浊口,使口厉爽;五曰趣舍滑心,使性飞扬。此五者,皆生之害也。[1]

《庄子》在常识之外,再次强调了"五色""五声""五臭""五味"对于人的感官能力的伤害。因为按照《庄子》所言,真正的感受力是内指而非外指的,以身殉物就必定得不偿失。所以在第五点,《庄子》不再谈具体的耳、目、口、鼻,而是直接指出了前面四者所成全的这种是非取舍,严重扰乱了人的本性,"趣舍滑心,使性飞扬"。

———————————

[1]庄子集释.第二册.1961:453.

《庄子》站在"性"的本体上,对日常审美的超越,还是给它们留下了可有可无的余地;而这里把日常审美当作对"性"的危害根源,则是对日常审美的严肃否定。

二、世俗艺术的本质

《庄子》对于世俗艺术的本质的理解见于《达生篇》中一段话:"凡有貌象声色者,皆物也,物与物何以相远? 夫奚足以至乎先? 是色而已。"成玄英的解释可以帮我们清楚这里的思想层次:"夫形貌声色,可见闻者,皆为物也。〔而〕彼俱物,何足以远,亦何足以先至乎? 俱是声色故也。唯当非色非声,绝视绝听者,故能超貌象之外,在万物之先也。"[①]

一、"物"也就是对象的意思。"貌象声色"这四样都是依附于外在对象的一种属性(虽然未必是"客观"属性)。第一个"色"和第二个"色"不同,后一个"色"是对于前面"貌象声色"四者的总体概括。也就是说,这种对象化了的感官认识,只是一种表象形式,不是事物的本质,也不是世界的真相。

二、这里"远"的意思,郭象说"唯无心者独远耳"[②]。这个意思和《老子》"大曰逝,逝曰远,远曰反"相互参印来理解,应该是不错的。这里的意思是说:世俗的感官享受、感官艺术都是对象化的产物,它们之间不足以区分高下。所以,在"对象化"这一点上,世俗艺术,日常的审美经验,它们之间并没有高下

---

①庄子集释.第三册.1961:635.
②同上书,第 634 页。

之分。

三、只有非"物"的存在,才能超出"貌象声色"这种对象化的局限,领略到"超貌象之外,在万物之先"这种无对象的存在境界。至于这种境界是否依然可能是审美,这里没有提示。我们在后面将集中讨论这个问题。

三、反世俗艺术的理由

1. 道谀

垂衣裳,设采色,动容貌,以媚一世,而不自谓道谀。(《天地篇》)[1]

《庄子》在这一段话里振聋发聩地指出了一个常识所忽略的问题:对一个具体的人谄媚很容易辨别,也为人所忌讳;但对于整个社会的谄媚,却被人忽视。在这个意义上,装饰,外在的美化,"垂衣裳,设采色,动容貌"就是这样一种谄谀。

这是《庄子》反对艺术的一个理由:艺术的社交功能。艺术是促成人与人之间交往的工具。这样的观点并不鲜见。艺术本质上是社会性的,它的一个重要功能就是交流。鲁滨孙在孤岛上,是否还会绘画、写诗,是很值得怀疑的。即使一个再孤独的艺术家,他的创作,总是对欣赏者的无声呼唤,创作本身就已

---

[1] 庄子集释.第二册.1961:447.

经考虑了文化历史、社会趣味、人类普遍心理,等等,也就是《庄子》在这里所说的"以媚一世"。即使当一个艺术家怀着"我要与众不同"的观念创作,他也是想让人接受、理解这样一种"与众不同"。即使一个艺术家把他的作品全部销毁,也无法否认,在他创作时,交往冲动、传播冲动、文化冲动在他身上所起到的推动作用。

这就是《庄子》所谓的"道谀"给我们的启示。首先它可以当作一个事实来看待。艺术创作,即使不向任何具体的人、利益集团、民族传统屈服,它依然无法摆脱一种"类"的心理、设身处地体会人类普遍精神的习惯。"为艺术而艺术",可以使艺术摆脱外在的奴役,比如对政治、经济需要的服役;但它难以使艺术摆脱内在的社会化倾向,艺术活动中隐藏的心理需求、文化传播功能、交往功能。艺术,作为语言之一种,正如口头语言,当它说出来,总是对"某人"(包括自己)说,但绝不是"对语言自身"说。

这是《庄子》给我们一个反常的启发。所谓谄媚,也就是掩藏、压抑自身的本性,去服从一个外在的对象和目的。人能克服对一个具体对象的谄媚,却难以克服对社会生活、群体交往的谄媚。艺术,克服了政治、经济这些具体势利的压迫和利用,却难以克服自身对于社会交往、文化交流的服务功能。

2. 乱性

《庄子》反对世俗艺术的另一个理由,是"文灭质,博溺心"。这个意思出自《缮性篇》:"去性而从于心。心与心识知而不足以定天下,然后附之以文,益之以博。文灭质,博溺心,然后民始惑乱,无以反其性情而复其初。"这里的"文"指的正是外在的修饰。这样一种"文"产生的原因,是人的自然本性的远离和破坏,"去性而从于心"。这里的"心",成玄英说"去自然之性,从分别之心"①,是远离本性,而服从认识能力、分析能力。但是认识是相对的,"心与心"对世界的认识各不一样,但又试图给世界一个普遍有效的判断,这是注定无法实现的,"不足以定天下"。于是只好勉强赋予认识以形式、结构、种类,"附之以文,益之以博"。于是就产生了"文"。"文"和"博"所导致的直接后果,就是对人的本性的进一步破坏,对于认知、分别心的进一步放纵,使得人们无法体验真实的世界("民始惑乱"),无法恢复本性,实现最本真的存在("无以反其性情而复其初")。

3. 本末

《天道篇》中《庄子》依然是贬低日常艺术,但是给予它微妙的合理性。这里的立足点是本末之说:

> 本在于上,末在于下;要在于主,详在于臣……钟鼓之音,羽旄之容,乐之末也;哭泣衰绖,隆杀之服,哀之末也。此五末者,须精神之运,心术之动,然后从之者也。
> 末学者,古人有之,而非所以先也。②

---

① 庄子集释.第三册.1961:553.
② 庄子集释.第二册.1961:467—469.

首先,对于人来说,一切行为、现象、事物有"本""末""要""详"的区别。而作为日常艺术的"钟鼓之音,羽旄之容",肯定不是人生乐趣的根本和主要来源。这也就是《庄子》反对人们在其中沉溺、浸淫的原因:它们是"乐之末也"。

其次,"末"是从"本"中生出的,但毕竟不是无。而且,"本""末"的比喻,暗示了这两者之间并不是外在的联系,而是有内在的血脉相通之处。

那么,这个相通之处何在? 在于"精神之运,心术之动"。"心术"按成玄英的解释,就是心的功能("心之所能"),也就是说,如果人的精神、意识功能合乎本性自然来运行、发挥作用,"任自然而运动"(郭象),那么自由艺术的表达就会自然而然产生。

最后,这个在全足的"精神""心术"作用下产生的艺术,是副产品,而不是根本和主导,但是它自身并不是什么坏东西,所以才会"古人有之"。

第二节　反技艺

庄子反艺术,一方面是反对日常世俗的艺术;另一方面是反对对技艺、技巧的重视,其原因有以下两点:

一、违反自然天性

古人说"耕织树艺",艺术,从词源上来说,就是一种精湛的技艺而已,而极其精确地去制造符合目的的工具或者极其精确地去再现一个对象,是艺术之所以成立的前提。《马蹄篇》中说:

> 陶者曰:"我善治埴。圆者中规,方者中矩。"匠人曰:"我善治木。曲者中钩,直者应绳。"夫埴木之性,岂欲中规矩钩绳哉?然且世世称之曰"伯乐善治马,而陶匠善治埴木",此亦治天下者之过也。[①]

"圆者中规,方者中矩""曲者中钩,直者应绳"不仅是陶匠、木匠所追求的,也是文艺复兴的艺术大师们,如达·芬奇、米开朗基罗、拉斐尔等所追求的。精确再现的艺术观念,直到照相术的出现被彻底摧毁了,现代艺术开始另求出路,西方的艺术家们才意识到:用科学技术的标准来衡量艺术家的成就,随着科学的高度发达,已经显得荒唐了。于是开始出现了印象派、后印象派、表现主义、抽象表现主义、超现实主义,等等,由倾注于对外在对象的再现,转为对于内心情感、思想的表现。但这种冠以"表现"之名的对于内在现实的再现,很快也失去了诱惑

[①]庄子集释.第二册.1961:330.

力。无论对外在对象还是内在情感形式的刻画，都无非是复制一个先在的事实，而正如《庄子》在这里所指出来的："夫埴木之性，岂欲中规矩钩绳哉？"

复制怎么也比不上事物本身的魅力，复制也无法提供比事物本身更多的东西，并且它们并不符合事物的本性。于是现代艺术发展到装置艺术、现成品艺术、行为艺术，这意味着，艺术已经从工匠制作中解放出来，艺术不在制作，而只是呈现，呈现那已经存在的存在。更进一步说，艺术正在一步步向自然转变。艺术的历史奔跑到最后，突然鸦雀无声，艺术家坐在阴影里，而整个世界本身作为无数的艺术品显现。

"为艺术而艺术"的观点，自从浪漫主义运动以来，一直为人们所提倡、颂扬。《庄子》启发人们注意这个观点本身的悖谬之处。这个观点，主张尊重当下的经验、对象自身自足的存在，一切终止在这里，此时此地即目的，终点。可是他们忘了：他们正是牺牲了材料本身独立自在的本性来成全他们独立自在的审美经验。

在这个意义上，艺术欣赏和自然审美有一个本质区别：艺术欣赏是牺牲了艺术品素材本身的独立自在而成全一种独立自在的审美体验；自然审美是对于自然物独立自在本性的发现，激起了主体对自身独立自在本性的意识。现代艺术运动的轨迹显示：艺术审美自身走向了自然审美。

这样，也就可以说，非但不是自然审美模仿着艺术欣赏，而是恰恰相反，艺术是用人工方式试图模仿并固定人们偶尔从自然中获得的独立自在的经验，使得一种偶然的经验可以重复发生。

但是，因为艺术创作本身破坏了自然物的独立自在，因此它的产生过程本身是反审美的。通过摧毁对象本身的审美素质，去组建、制造另一种审美素质，这是荒唐、悖谬的。"性情不离，安用礼乐！五色不乱，孰为文采！五声不乱，孰应六律！"（《马蹄篇》）

在《庄子》看来，艺术创作和欣赏是多此一举。"圣人不谋，恶用知？不斫，恶用胶？无丧，恶用德？不货，恶用商？"（《德充符篇》）不应该费心去坚持、重复某种特定的"为艺术而艺术"的审美经验，应该任由事物保持自身的本性，从而也就保全了人的本性。这样人就都能"含哺而熙，鼓腹而游"，过一种自由自在、无处不审美的生活。

前面提到过，《庄子》指出了一种"非对象审美"的可能，而这里，进一步看出，这种"非对象"的审美之所以必要，是因为以艺术为对象的审美本身是反审美的；这种"非对象"的审美之所以可能，是因为人可以审美地存在，也就是说：艺术地存在，自然地存在，合乎本性地存在，让自在本性彰显出来，实现那不带有目的思想的目的，也获得一种无概念的普遍有效性。这种在康德那里不无困难的"无概念的普遍有效性"[1]，在《庄子》这里却是明白的："同乎无知，其德不离；同乎无欲，是谓素朴。""一而不党，命曰天放。"（《马蹄篇》）这种普遍性就是事物各自对本性的保持，不约而同，一而不党。

---

[1]判断力批判.2002:46.

《胠箧篇》又有：

> 擢乱六律，铄绝竽瑟，塞瞽旷之耳，而天下始人含其聪矣；灭文章，散五采，胶离朱之目，而天下始人含其明矣；毁绝钩绳而弃规矩，攦工倕之指，而天下始人有其巧矣。故曰：大巧若拙。[①]

这里的意思基本上和上面《马蹄篇》中的意思一致，并且可以用上面的内容来解释这里的思想。为何"擢乱六律，铄绝竽瑟，塞瞽旷之耳，而天下始人含其聪矣"？因为真正的"聪明"，是看到、听到自己内在的生命韵律与本质，并且知道怎么保护它、发展它。向外驰求的愿望耗竭了人的内在本性，只有熄灭这些愿望和追求，才能保全生命本身。需要"拙"的是耳目是非的分别、对于外在对象的依附和追求，由此变得"巧"的是生命的自由伸展、焕发。

由此看来，如果把"大巧若拙"看成是艺术创作的指导思想，以为"巧"到极致就变成"拙"，不管这种观点本身有什么价值，可以肯定的是：这种观点是与《庄子》思想背道而驰的。《庄子》根本不是在技术层面上谈问题，这不是什么积累、渐进的问题，而是根本上否定了正面的追求，撤销了这种技艺上的追求。如果想通过技艺精湛来弥合意识与现实之间的鸿沟、本性和愿望之间的鸿沟，则不如去掉这种技艺本身，因为正是技艺造成

---

①庄子集释.第二册.1851；353.

了鸿沟。

由此得到的是一种更高的艺术，更高的审美可能性，即生命本身的完整、自在、显现。

二、技艺要为"道"服务

1. 技艺的地位

艺术在《庄子》中的地位，在《天地篇》中说得很明白：

> 故通于天地者，德也；行于万物者，道也；上治人者，事也；能有所艺者，技也。技兼于事，事兼于义，义兼于德，德兼于道，道兼于天。[①]

当然，艺术在这里首先是指技能。

能有所制造和生产，这就叫有技艺。技艺本身，在《庄子》看来，只是一种工具而已。（这里的艺术，就和《庄子》所反对的另一种艺术，即视听之娱，显然不同。）它只有服务于社会运行，才有意义，并且被包含在人事之中，而人事又是从属于秩序的伸张，秩序从属于性命之情，并最终归属于天道自然。

乍一看，《庄子》完全把艺术工具化，服务于社会生活，这很类似于艺术在很多世代所实际发挥的功能。艺术在这个意义

————————

①庄子集释.第二册.1961:404.

上,没有自身的存在价值,而只是为一个更高的目的充当手段。但这个一步步深入的更高目的,到最后并不是别的,而是人的自然天性。艺术所要充当工具来服务的,说到底,是人的本性的实现。

艺术的目的,归根到底是人的本性的实现,是天道自然的显现。

所以,《庄子》反艺术,有着具体的含义。在《庄子》看来,除了天赋的人性,没有更高的东西了。这是它的本体论。对于艺术的理解,必须在这个本体之下来进行。而且,我们在后来中国两千年的艺术史中,尤其是书画、古琴、诗歌艺术中,看到更多的不是通过"事""义""德""道"间接达到"天",而是越过这些环节,直接指向人的性灵之完满。艺术从社会生活的低层直接变成了社会生活的高层。《庄子》对我们的启发不可谓不大。

而且,我们要时时提醒自己:即使《庄子》是反艺术的,它的人性自然之本体论,也是具有审美气质的。

2. 技艺的作用

《天地篇》中有一段关于"机械""机事""机心"的著名对话:

> 子贡南游于楚,反于晋,过汉阴,见一丈人方将为圃畦,凿隧而入井,抱瓮而出灌,搰搰然用力甚多而见功寡。子贡曰:"有械于此,一日浸百畦,用力甚寡而见功多,夫子不欲乎?"
>
> 为圃者仰而视之曰:"奈何?"曰:"凿木为机,后重前

轻,挈水若抽,数如泆汤,其名为槔。"为圃者忿然作色而笑曰:"吾闻之吾师,有机械者必有机事,有机事者必有机心。机心存于胸中则纯白不备;纯白不备则神生不定;神生不定者,道之所不载也。吾非不知,羞而不为也。"

子贡瞒然惭,俯而不对。①

这段文字要和下面子贡见孔子一节连起来读,尤其是孔子最后那段话:

孔子曰:"彼假修浑沌氏之术者也;识其一,不识其二;治其内而不治其外。夫明白入素,无为复朴,体性抱神,以游世俗之间者,汝将固惊邪?且浑沌氏之术,予与汝何足以识之哉!"(《天地篇》)②

这两则故事可以帮我们理解《庄子》对技艺的真实态度。它有这么四层曲折上升的意思,需要梳理出来:

一、丈人"凿隧""抱瓮而出灌",子贡因为他"用力甚多而见功寡"而提出批评;二、丈人以"有机械者必有机事,有机事者必有机心。机心存于胸中则纯白不备;纯白不备则神生不定;神生不定者,道之所不载也"的强大逻辑推翻了子贡自以为是的聪明;三、孔子看到了丈人的执着与偏颇,以"识其一,不识其二;治其内而不治其外",再一次扬弃了丈人的见识;四、孔子看

①庄子集释.第二册.1961:433—434.
②同上书,第438页。

093

到了自己这个观点对于普通人的危险之处,自我否定曰:"浑沌氏之术,予与汝何足以识之哉!"

这四层意思,省略任何一个环节,都会造成误解和扭曲,而这四层意思联合起来,让我们看到一个比在《马蹄篇》《胠箧篇》中更缜密的《庄子》。

丈人与子贡的对峙,是道德至上思想对功利主义的批判。子贡陷入纯粹的日常实用功利标准,并以此来衡量丈人的行为,认为他是无知的;而丈人完全超越了子贡的实用标准,选用了更高的标准:道德标准。当然,这里丈人的道德并非儒家的为人处世的道德,而是道家自然无为的修身养性的道德。在是否能承载"道",使得"神生(性)"定,保持纯朴本性("纯白")这个标准上来衡量,则子贡的机械是无知的、坏的,不如凿隧抱瓮更明智。孔子看到,若一个人的本性果真达到了浑然一体,那么他对世界就不再有是非对错的区分,也就不必执着于是否用机械的问题。最后,孔子又补充说这不是他和子贡所能达到的认识境界,这里的潜台词是说:因为普通人(抑或包括孔子在内的所有人)并不能达到"混沌"的境界,在这个意义上,丈人的境界就成了世人应该而且可以达到的最高境界了。也就是说,孔子的反驳,反过来又给丈人的观点留下了余地。

我们说《庄子》反对技艺层面的艺术,在很多篇章中都有体现。但即使在技艺层面的艺术上,《庄子》的反对也不是绝对的。世俗的艺术,五色、五声、五味扰乱人心,破坏了人完整的本性存在,使得人性不得显现——在抱瓮丈人这则故事里,《庄子》的这种典型思想也得到了阐述。可以肯定,对于这样一种破坏人性的"艺术"(技艺),《庄子》是反对的。

孔子的论述对此观点则进行了补充说明:技艺或艺术本身是没有规定性的,它并不天然扰乱人性。若人性通过修养恢复了完整、自在,则并不需要去刻意拒绝技艺、艺术。这种更完备的思想,在《在宥篇》中已经出现:"天下将安其性命之情,之八者,存可也,亡可也;天下将不安其性命之情,之八者,乃始脔卷狁囊而乱天下也。"但这种境界是不能越过前面的几个层次而直接达到的。

所以,我们对于《庄子》的反艺术思想,不能断章取义。在日常层面上,当人的意识已经在主体和世界之间做出区分,技艺、艺术因为让人性遭到夸张、扭曲,所以要摒弃、反对;但是,若人的意识能弥合人与自然的分裂,恢复人的存在的完整性,则和人性相对立的艺术就不存在了,它们也就可有可无了。

第五章 《庄子》论艺术形式

反艺术的艺术之所以成立，一方面如前一章所讨论的：

《庄子》反对的是纯粹的工具性技艺和耽溺人性的浮华艺术，主张以人性的完善作为艺术的真正目的，建立一种非功利、自由的、以人的内在自然和外在自然统一为目的的艺术标准。这样一种反艺术的艺术反倒更符合我们在审美意义上对艺术的期望。

另一方面，是本章所要阐明的：

这种反艺术的艺术观，在《庄子》中，还可以理解为重神略形，把内在精神看得比外在形式更重要的艺术观。日常所谓的艺术，都是强调形式本身的重要性，《庄子》怀疑形式的可靠性、有效性，而把形式背后的"使其形者""无形者"看成更可靠、稳定、决定性的。按这种逻辑，只有具备了某种内在精神，然后体现在某种具体形式上，才产生真正的艺术。

第一节 内容重于形式

一、"使其形者"

美学史上关于审美对象一直有两种对立的观点：一种认为理想的审美对象是纯形式，不涉及形式背后的内容、意义。比如荷加斯把蛇行线条看成绘画艺术造成审美感受的根源[①]，康德把无意义缠绕的线条等看成理想的美[②]。另一种认为审美经验中重要的不是形式，而是形式背后所蕴涵的东西。如亚里士多德把必然律当作诗歌艺术真正的对象[③]，杜威认为社会生活经验本身才是对艺术创作和欣赏重要的东西[④]。

当然，更多的，是认为一定的经验、思想、情感对于艺术表达无不重要，但艺术创作和欣赏的独特性在于用不可替代的形式将其表现出来，这形式和它背后的内容不可以相互剥离。比如黑格尔谈作为理性之感性显现的美，谢林说艺术"复现理念世界于印象世界"[⑤]，克莱夫·贝尔把艺术（尤其现代艺术）归为

[①] 威廉·荷加斯.美的分析.杨成寅,译.北京：人民美术出版社,1984：55－66.
[②] 判断力批判.2002：65.
[③] 亚里士多德.诗学.陈中梅,译注.北京：商务印书馆,1996：21－22.
[④] 杜威.艺术即经验.第一、第二章.高建平,译.北京：商务印书馆,2006：1－36.
[⑤] 谢林.艺术哲学.北京：中国社会出版社,1996：22.

有意味的形式①,苏珊·朗格把艺术看成情感符号的创造②。

在《德充符篇》中,《庄子》也启发我们对这个美学问题的思考:③

> 仲尼曰:"丘也尝使于楚矣,适见豚子食于其死母者,少焉眴若皆弃之而走。不见己焉尔,不得其类焉尔。所爱其母者,非爱其形也,爱使其形者也……"④

《庄子》说小猪喜欢它们的母亲"非爱其形也,爱使其形者也",联系《庄子》在《德充符篇》中也提到"德有所长而形有所忘",看来《庄子》是把"形"和"使其形者"、"形"与"德"作为两个对立的东西严格区分开来,并且把两者关系看成是此消彼长的关系。

这个在"形骸之内"的"使其形者",却是"爱"的来源。也就是说,产生情感上的欣赏、肯定评价的依据,不是形式本身,而是形式背后的品质、精神。但是,是否这个"使其形者"可以离开特定的"形"而独立发挥作用,《庄子》这里却并不明确。可以肯定的是,《庄子》没有用"形"和"质"这样的相互独立的对立范畴,而是在"形"的基础上建立了一个更深入的范畴"使其形者"。"使其形者"在语言本身的结构上,就没有脱离"形",它是

————————————

①克莱夫·贝尔.艺术:一、二部分,薛华,译.南京:江苏教育出版社,2005:1—20.
②朗格.情感与形式.刘大基,等,译.北京:中国社会科学出版社,1988:33—54.
③值得一再强调的是,所谓《庄子》美学,从自觉的学科意义上无从谈起,但若因此说《庄子》没有美学思想,就和说鲍姆加登以前没有美学思想一样荒唐。《庄子》美学有这样几种形态:谈论"美";谈论技艺;更重要的是,谈到很多对美学直接有启发作用的重要问题,这应是我们研究、发掘的重点。
④庄子集释.第一册.1961:209.

那个使"形"得以确立的东西,"形"离开了它就不能确立,而反过来,这个"使其形者"离开了它所确立的形,又如何还是"使其形者"呢? 因此,可以从这样一对范畴的内在语法关联上推断,《庄子》重视"使其形者",强调这是造成偏好、欣赏、肯定的真正依据,但也不意味着《庄子》认为"形"可以完全抛弃。

我们不妨追问一下:形式和内容的对立是否真正有效呢? 是否离开所有知识、联想、记忆,我们还能感知一种"纯形式"? 形式一旦在我们脑海里映现,难道不就已经具备某种意味了吗? 贝尔强调"有意味的形式",他却忘了反问:一种毫无意味的形式从根本上究竟是否可能? 我们可以这样理解《庄子》的"使其形者":它是一种可以通过命题得以传达的意味;而一种粗浅的、纯感性的形式,即使它有内涵,也是非命题式的。因此,非命题式的形式不是审美欣赏的关键,只有它背后可以命题化的思想、内涵才是审美欣赏的决定性因素。

然而《庄子》明显超越了这一命题式的思维方式。它的"德",更多的是一种完整、自在的生命本体,是宇宙自然自足的存在,在一个具体存在物上面的实现。一个无法自足存在的东西,即使有"形",也没有令人"爱"的"德"。一头死母猪留不住它的子女。

因此,拈出"自在"这个概念,似乎比拈出"命题"这个概念,更能合理地解释《庄子》对两个从根本上不应分离的范畴的区分,即"形"和"使其形者"。也就是说,"德"是使"形"得以自足、自在的那种东西,它可以培养,也可以失去。有了它,"形"才是值得尊敬、喜爱和欣赏的。

二、"得意忘言"

对于艺术作品,内容与形式的关系,存在三种主张:一、形式大于内容。这是形式主义的观点,其极端甚至认为内容越少、形式越纯粹,越符合审美理想,比如康德[①]。二、形式和内容重合,不可分。这是最普遍的观点,把艺术的表达方式和它所要表达的内容看成一体,比如:若要说明一篇小说的所指,最好的方式是把小说读一遍。三、内容大于形式。也就是说,形式只是实现某种内容的手段,只要能达到目的,手段本身是无所谓的。比如《外物篇》的暗示:

> 荃者所以在鱼,得鱼而忘荃;蹄者所以在兔,得兔而忘蹄;言者所以在意,得意而忘言。吾安得夫忘言之人而与之言哉![②]

当然,道德和认识的原则与审美的原则并非一致。《庄子》这里更多的是指一种道德和认识的原则。但这样的原则确实也延伸到审美领域,如"诗言志"的观点。把艺术作品看成载体和工具来传达和交流某种思想、情感,甚至实现某种道德、政治意图,这样的观点并不鲜见。这里并不是要声称《庄子》有这种主张,只是说,《庄子》这里的思想开启了这样一种美学维度。

---

① 判断力批判. 2002:65-67.
② 庄子集释. 第四册. 1961:944.

三、"取象"

《天道篇》谈及"取象"的问题：

夫尊卑先后，天地之行也，故圣人取象焉。[1]

一、取的是谁的"象"？是自然所呈现的结构、形式，"尊卑先后，天地之行"。

二、取的是什么？是"象"。象，是形式，是显现，是直观所能把握的秩序结构。

这样一种可直观把握的世界结构，就是圣人所取于天地的"象"，也是审美欣赏对象的本质。

第二节　有形与无形

《秋水篇》曰：

夫精粗者，期于有形者也；无形者，数之所不能分也；不可围者，数之所不能穷也。可以言论者，物之粗也；可以

---

[1]庄子集释.第二册.1961：469.

意致者，物之精也；言之所不能论，意之所不能察致者，不期精粗焉。①

《天道篇》曰：

书不过语，语有贵也。语之所贵者意也，意有所随。意之所随者，不可以言传也。②

综合这两段文字，我们可以看出《庄子》对于语言文字的态度。

第一，世界上的事物有"有形"和"无形"两种。

第二，"有形"的事物，又分为"精"和"粗"两种。

第三，"粗"的那部分，通过语言文字可以表达；而"精"的那部分，只能够通过"意"去把握。从表达能力和层次上来说，"言"从属于"意"，低于"意"。但不论是"言"还是"意"，都不足以表达那个"无形"的存在。

值得注意的是：这里《庄子》所谓的"言"，指的是符号逻辑语言，亦即"名言"之"言"。它跟那种作为呈现"象"的文学语言有本质区别。这种无论符号、逻辑之"言"还是抽象思维之"意"都不能表达的"无形"，却可能通过文学艺术形象的方式来体验，文学艺术形象虽然是"有形"，毕竟不同于这种"无形"，但可以引导人的直觉到达"无形"的边缘。

---

①庄子集释.第三册.1961:572.
②庄子集释.第二册.1961:488.

第五章 《庄子》论艺术形式

第三节 形式与世界

一、形式的等级

> 南伯子葵曰:"子独恶乎闻之?"
>
> 曰:"闻诸副墨之子,副墨之子闻诸洛诵之孙,洛诵之孙闻之瞻明,瞻明闻之聂许,聂许闻之需役,需役闻之于讴,于讴闻之玄冥,玄冥闻之参寥,参寥闻之疑始。"(《大宗师篇》)[①]

"副墨"是书面的语言,"洛诵"是口头语言,"瞻明"是视觉感知,"聂许"是听觉感知,"需役"是行动、体验,"于讴""玄冥""参寥""疑始"是对这种体验的性质进行确定。

这段话意味着:我们用语言文字表达出来的对世界的认识,是出自我们分辨性的感知,而这种有分辨的感知,则来自无分辨的体验、行动,是一个在一切认知之先的存在,它与世界的整体同一,一个不以认知照亮的世界是"玄冥",一个不在记忆中区分先后的扰动着的世界没有时间、没有历史,形式在更替,但世界本身无始无终存在着,是为"疑始"。

———————————

①庄子集释.第一册.1961:256.

103

二、寓言——作为形式的语言

> 寓言十九,藉外论之。亲父不为其子媒。亲父誉之,不若非其父者也;非吾罪也,人之罪也。与己同则应,不与己同则反;同于己为是之,异于己为非之。(《寓言篇》)[1]

运用寓言的艺术,人们对道理的接受就能达到十之八九,因为它是一种非主观的形式,"藉外论之"。《庄子》用的比喻是:亲生父亲不为自己儿子做媒,而让别人去说好话,这样说服力更强。其原因,就是"非其父者"具备一种客观身份。

这里面当然首先是一个说理时的心理策略问题,但它也反映抽象说教与客观呈现之间在表达能力上的差异。因为寓言更重要的不是假托他人之口说自己的话,而是以一种形象、故事、事实来呈现一个抽象的道理。这种呈现所带来的说服力,不仅仅是因为它隐藏了持有这个道理的主体,更是因为这种呈现有直观感染力,可以动员人的感官来体验、把握一个道理,所以深入人心。

所以后文,《庄子》说"言无言,终身不言,未尝言;终身不言,未尝不言"。"言"与"不言"都是表达方式。在《庄子》看来,"不言"的表达力比"言"似乎更强一点。它强调"知者不言,言者不知",这个"不言"的知者倒未必不进行表达。因为用一种

---

[1]庄子集释.第四册.1961:948.

非言说的方式也可以表达,比如行为,比如艺术,而折中的方式,就是寓言——一种介于言说和呈现之间的艺术形态。

第六章 艺术创作的原则

前两章的分析表明:《庄子》通过反对纯粹工具性技艺、反对耽溺人性的世俗艺术,更深层次的,是反对日常艺术对纯粹形式的依赖,倡导一种自由、非功利、合乎人性自然的艺术。与这种艺术理想相匹配,《庄子》提出了相应的艺术创作原则。按《庄子》的原则,艺术创作者应该专注、忘记利害计较、合乎自然、真诚、注重积累、富有创造性并且注重虚实结合。

第一节 专注

《达生篇》中"佝偻者承蜩"的故事,是对艺术创作极其重要的理论。虽然这则故事中涉及的只是技艺层面上的艺术,但这个道理可以适用于所谓"美的艺术"。

仲尼适楚,出于林中,见佝偻者承蜩,犹掇之也。

仲尼曰:"子巧乎! 有道邪?"

曰:"我有道也。五六月累丸二而不坠,则失者锱铢;累三而不坠,则失者十一;累五而不坠,犹掇之也。吾处身也,若厥株拘;吾执臂也,若槁木之枝;虽天地之大,万物之多，而唯蜩翼之知。吾不反不侧，不以万物易蜩之翼，何为而不得！"

孔子顾谓弟子曰："用志不分，乃凝于神，其佝偻丈人之谓乎！"①

首先值得注意的是"佝偻"二字。《德充符》中有许多"形不全而德全"的人物，比如：兀者、无趾、支离，等等。《庄子》借此表达精神、人格修养高于外在形式，并能实现一种更高层次的美感的思想。这里的"佝偻"同样暗示了这句话中的主张：外在形式不仅在道德修养方面不重要，在艺术创造、艺术欣赏中，也只是较低境界。

佝偻者承蜩的艺术达到了出神入化的地步，粘知了就像从地上捡起一样，"犹掇之也"。怎样才能达到这种境地呢？

第一，不断地训练。这个基本条件，任何进行艺术创作的人都不会否认。所谓"熟能生巧"，"五六月累丸二而不坠，则失者锱铢；累三而不坠，则失者十一；累五而不坠，犹掇之也"。但事实上，不间断、深入的练习，这并不是大多数人所能做到的。这里需要一个心理前提，即寂然不动，顺其自然。

第二，寂然不动，顺其自然。"吾处身也，若厥株拘；吾执臂也，若槁木之枝。"如果一个人能顺从事物的自然本性，做出不与事物本性相违背的行为，那么他就可以轻松接近万物，"入兽不乱群，入鸟不乱行"（《山木篇》），这样也就能随意接近知了，

———————————
① 庄子集释. 第三册. 1961:639-641.

"承蜩,犹掇之"。

最后,要做到前面两点,最重要的还是内心的专注。"用志不分,乃凝于神。"只有专注,才能把内心的力量凝聚起来,也才能把全部意识集中起来,具备强大的穿透力和无穷的应付能力,实现高难度的技术,达到常人难以企及的艺术境界。

这种专注,是除了自己正在进行的事情,忘掉了世上其他一切:"虽天地之大,万物之多,而唯蜩翼之知。"这种专注,抛开了任何个人利害得失的计较:"不反不侧,不以万物易蜩之翼。"

毫无疑问,这是艺术创造的法宝和最高境界,无论一个人是创造工具性的艺术,还是创造纯粹审美意义上的艺术。对于后者,"天地之大,万物之多,而唯蜩翼之知""不反不侧,不以万物易蜩之翼",这样一种纯粹"为艺术而艺术"的态度尤为重要。

虽然按《庄子》的逻辑,西方"为艺术而艺术"的观念是有偏颇的,但根据"天地之大,万物之多,而唯蜩翼之知"的思想,可以说,《庄子》给"为艺术而艺术"的主张提供了另一种阐释和辩护的可能性。

《知北游篇》中也有一则类似的故事:

> 大马之捶钩者,年八十矣,而不失豪芒。大马曰:"子巧与! 有道与?"
>
> 曰:"臣有守也。臣之年二十而好捶钩,于物无视也,非钩无察也。是用之者,假不用者也以长得其用,而况乎

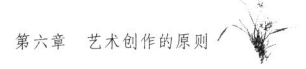

无不用者乎！物孰不资焉！"①

第一，这个捶钩者技艺十分高超，虽然已经八十高龄，却依然"不失豪芒"。

第二，他的技艺高超，并没有机巧，也没有规律可循。

第三，这种出神入化的艺术，主要是靠"守"，其实也就是专注，"于物无视也，非钩无察也"，除了钩本身，对于其他事物毫不关心，把自己的全部才能与智慧都倾注在捶钩这一件事情上，这就叫"用之者，假不用者也以长得其用"。

第四，这种艺术上的智慧，若用在人生修养上，把人生也当成艺术来锻炼，达到出神入化、自在优游的境地。那么，按照捶钩者的逻辑，就要专注于生命本身，其他一切都忘却，这样反而能利用其他一切来为生命服务，即"无不用"。

第二节　去利害

《田子方篇》中"解衣般礴"的故事，对于绘画乃至所有艺术创作，揭示了一个"去利害"的原则。

> 宋元君将画图，众史皆至，受揖而立；舐笔和墨，在外

---

①庄子集释.第三册.1961:760－761.

者半。有一史后至者，儃儃然不趋，受揖不立，因之舍。公使人视之，则解衣般礴裸。君曰："可矣，是真画者也。"①

这里的"画图"，当然未必是今天所说的"自由艺术"，据成玄英所疏，是画"国中山川地土图样"②。但这里的原则，却适用于无论是画地图，还是画美术之图。

其他画家都按时到达，打躬作揖，排队等候，人多到排出屋外，而唯有一个画家迟到了。他从容悠游，不紧不慢，行礼受命却不拘谨，直奔主题，在作画的时候，甚至脱掉上衣，赤裸盘腿而坐。

这段话反映了成功作画的原则：

第一，要把作画作为唯一目的，而不能让任何其他意图、顾虑影响了这一目的，更不能把绘画看成是达到别的目的的工具。这是"儃儃然不趋，受揖不立，因之舍"所展示的道理。

第二，即使如此，还要在内心中放弃任何其他价值判断，比如道德判断。这是"解衣般礴裸"所启发的道理。

最后，就像佝偻丈人一样，"天下之大，唯蜩翼之知"。画史除了绘画本身，忘记了一切，因此，他才是"真画者也"。

同样的主张，也出现在《达生篇》"津人操舟若神"的故事中：

颜渊问仲尼曰："吾尝济乎觞深之渊，津人操舟若神。

---

①②庄子集释.第三册.1961:719.

110

吾问焉曰:'操舟可学邪?'曰:'可。善游者数能。若乃夫没人,则未尝见舟而便操之也。'吾问焉而不吾告,敢问何谓也?"

仲尼曰:"善游者数能,忘水也。若乃夫没人之未尝见舟而便操之也,彼视渊若陵,视舟之覆犹其车却也。覆却万方陈乎前而不得入其舍,恶往而不暇! 以瓦注者巧,以钩注者惮,以黄金注者殙。其巧一也,而有所矜,则重外也。凡外重者内拙。"[①]

《达生篇》中寓言所要说明的,当然首先是人生道理。但这里用了很多技艺、匠人、能人的例子。可以说,《庄子》把做人、人格的修养也当成一种技艺、艺术来看待。所以,这些故事表面上讲技艺,深一点,是讲艺术,更深处,讲的是一种艺术化的人生。

"津人操舟"的故事中同样涉及艺术创作的一些道理。

技艺固然可以学,但最好的技艺,除了学习、练习,更重要的是,这门技艺必须与天性结合起来,只有合乎一个人天性的技艺才能发挥到极致。所以,首先要达到"善游者数能"的地步,但要达到操舟若神的境界,必须天性自然就已经成为"没人",一个游泳高手。

一个游泳高手"没人",是一个不再进行对象化认知的人,因为适应水中环境而不再意识到自己身在水中,"忘水也"。在

---

①庄子集释.第三册.1961:641—642.

这个意义上,他不再把水当成水,也就不再把"舟"当成水上危险的舟。水对于他就像陆地("视渊若陵"),而船在水中颠覆,对他就像车子在陆地上侧翻一样。

因此,他不再是凭着技巧在驾驶舟船,而是凭着本性,凭着全部的直觉。他与外物("水"和"舟")没有认识上的间隔,它们也不能干扰他的内心,因为内外本来就是一体。"覆却万方陈乎前而不得入其舍,恶往而不暇!"

接着《庄子》进一步指明了这种技艺出神入化的更深层次的原因:因为主体抛却了功利计较,也就避免了功利计较所导致的物我、彼此、内外区别,保持了本性的完整,使得内在的才能、生命力能凝聚起来,完整、自然、自在而悠游地适应外在的世界。

"以瓦注者巧,以钩注者惮,以黄金注者殙""凡外重者内拙",被外在利害干扰的人,就要丧失本性的完整和精神的专注,方寸都乱了,手足无措,根本不足以应付生命的各种境遇。反之,只有专注于内心的人,才能以极其敏锐的感官和强烈的直觉,捕捉世界的微妙变化,做出判断和选择。

这是做人的道理,也正是艺术创作的道理。

至于《知北游篇》中:

> 孔子问于老聃曰:"今日晏闲,敢问至道。"
>
> 老聃曰:"汝齐戒,疏瀹而心,澡雪而精神,掊击而知!

夫道……"①

这个意思本来跟美学无关,但因司空图《二十四诗品》的引用,以及历代文学爱好者和研究者的崇尚,使得"澡雪精神"已经成为中国艺术创作的主观前提。一个人若要创作出优秀文学作品和艺术作品,就必须具有去除功利的澄净的胸怀。另外,还要去除智虑机巧,"掊击而知"。

第三节　合乎自然

一、"以天合天"

梓庆削木为𬬻,𬬻成,见者惊犹鬼神。鲁侯见而问焉,曰:"子何术以为焉?"

对曰:"臣,工人,何术之有!虽然,有一焉。臣将为𬬻,未尝敢以耗气也,必齐以静心。齐三日,而不敢怀庆赏爵禄;齐五日,不敢怀非誉巧拙;齐七日,辄然忘吾有四肢形体也。当是时也,无公朝,其巧专而外骨消,然后入山林,观天性;形躯至矣,然后成见𬬻,然后加手焉;不然则

————————

①庄子集释.第三册.1961:741.

已。则以天合天,器之所以疑神者,其是与!"(《达生篇》)①

这则故事主张艺术的最高境界是合乎自然,具体有以下几层意思:

第一,以艺术作品是否以及在多大程度上近似自然作为好坏的标准,所以说"镶成,见者惊犹鬼神"。当然,"犹鬼神"更进一步的意思是说:近似自然,并不是近似无机自然,而是近似有机自然,具备那种自然而然的生命活力。

这种以自然为摹本和准则的思想,在西方,从柏拉图的艺术模仿"理念"、亚里士多德的艺术模仿自然,到但丁的诗歌以自然为源泉,卢梭、歌德、席勒等回归自然的倾向,一直有着深远的传统。虽然近现代西方艺术的发展远远超出了这个传统准则,但这个观念依然是艺术创作不可回避的基础。

第二,是一种高度近似自然的艺术创作是否有套路、章法可以因循的问题。从根本上来说,《庄子》的回答是否定的。这种创作没有具体的成法可依。但是,它有一种抽象的原则蕴含在其中,可以观察和描述。所以,当鲁侯问梓庆"子何术以为焉",他先回答"何术之有",然后又说"虽然,有一焉"。

第三,这个无术之术,从根本上来说是"静心",是靠心灵的安静和专注,用后面的话来描述,就是"巧专而外骨消",专注于技术、技艺,而不受外在利害的干扰。达到这一点,是通过"齐"实现的。所谓"齐",纵观各家注解,应该通"斋",是克制、修养

————————————
①庄子集释.第三册.1961:658—659.

的意思。

齐有三层意思:1. 是对现实物质利益的超越,"不敢怀庆赏爵禄";2. 是对精神上的欲望、分别的超越,"不敢怀非誉巧拙";3. 是对主体自身主观性存在形式的超越,"忘吾有四肢形体"。这样也就没有公私权势的认识了,"无公朝"。

第四,超越了利害和主观性,就可以让对象的本性在意识中真实显现,"观天性",在自然本身中发现了适合"遽"的潜质,艺术家才能用自己的双手把它剥离、揭示出来,否则的话,是用自己的意志赋予材料以生硬的外在形式。"形躯至矣,然后成镰,然后加手焉,不然则已。"

做到了这一点,艺术作品好像是原来就在自然中,只是艺术家发现并发掘了出来。这正如米开朗琪罗在大理石中看到并解放出了他的雕塑作品,又如陆放翁所说"文章本天成,妙手偶得之"(陆游诗《文章》)。用《庄子》的话说,这都是因为艺术家的创作和自然的运作相吻合的结果,即"以天合天"。

如此,才能达到文章一开头说的"疑神"的效果。

二、"忘适之适"

工倕旋而盖规矩,指与物化而不以心稽,故其灵台一而不桎。忘足,履之适也;忘要,带之适也;知忘是非,心之适也;不内变,不外从,事会之适也。始乎适而未尝不适

从美、艺术走向人
——《庄子》美学可能性的研究

者,忘适之适也。(《达生篇》)①

第一,《庄子》把合乎自然的法度作为艺术创作的标准。"工倕旋而盖规矩",好的工匠能随手画圆,比用规矩画出来还准确,这是技艺的高超。

第二,这种合乎自然尺度的高超技艺,其实现并非靠知识和思考,而是靠直觉,是"指与物化而不以心稽",用全部感官直觉来与外部世界达到一种实际上的融合,而不是把外界当成认识对象来索求。

第三,达到这种"指与物化"的境地,要靠身心的全足和整一。"灵台一而不桎。"自由的心灵不被任何其他事物桎梏,就能凝聚起来发挥最大的作用,倾注在艺术上。

第四,具体来说,这种完整而自由的内心,是靠"忘是非""不内变,不外从"来实现的。也就是说,要调动全部身心直觉来创造合乎自然的精妙艺术作品,就必须摆脱利害得失的计较,内心毫不犹疑,不受任何外来的干扰,这样内外一致,自然而然就能达到"始适而未尝不适"的自由创造乃至自由生存的境地。

这就是上面这段话的逻辑层次:抛开利害计较;忘却物我的分别;这样就能凝聚全部意识和直觉去感应自然的法则;就能自由创造精妙合度的艺术作品。

①庄子集释.第二册.1961:662.

第四节　创新

武侯大悦而笑。

徐无鬼出,女商曰:"先生独何以说吾君乎? 吾所以说吾君者,横说之则以《诗》《书》《礼》《乐》,从说则以《金板》《六韬》,奉事而大有功者不可为数,而吾君未尝启齿。今先生何以说吾君? 使吾君说若此乎?"

徐无鬼曰:"吾直告之吾相狗马耳。"

女商曰:"若是乎?"

曰:"子不闻夫越之流人乎? 去国数日,见其所知而喜;去国旬月,见所尝见于国中者喜;及期年也,见似人者而喜矣;不亦去人滋久,思人滋深乎? 夫逃虚空者,藜藋柱乎鼪鼬之径,良位其空,闻人足音跫然而喜矣,又况乎昆弟亲戚之謦欬其侧者乎! 久矣夫莫以真人之言謦欬吾君之侧乎!"(《徐无鬼篇》)①

女商给魏武侯讲授《诗》《书》《礼》《乐》《金板》《六韬》,横说竖说不能让武侯高兴,而徐无鬼举相狗马的例子却让武侯"大悦"。究其原因,徐无鬼说是"去人滋久,思人滋深"。诗书礼乐

———————
①庄子集释.第四册.1961:819-822.

天天在面前讲，没有感觉，而"真人之言"却是难得听到的，并且这个"真人之言"是人久已遗忘的天性，所以用"去国""昆弟亲戚"来比喻。

这则故事，讲的虽然不是艺术或者审美，却是合乎审美欣赏的一个道理。

引起人的审美经验有许多因素，其中一个重要因素是非日常，或者说新颖。人的审美经验很少在平常事物上面发生，因为习以为常的事物，人的感官已经对之麻木，不能唤起特别的感受和观审。只有一件非平常的事物或者一件平常事物在非日常的情境中，才有可能唤起审美感知。前者如艺术品，后者如旅游中的自然，又如日用品在博物馆中的陈列。

也正因为如此，艺术创作史中一个核心词就是"创新"，艺术总是在不断更新和颠覆传统的过程中行走。当然，传统和现代，很难说孰优孰劣，这个过程也很难用"发展"来形容。很多过时的风格、形式，过了许多年又会忽然流行起来。艺术的创新，也许是在画圆。没有绝对的高低优劣，有的只是从一个习以为常的地方跳出去。所以，曾经被艺术唾弃的生活用品，在当代成为最新潮的艺术，从生活中分离出去的艺术重新回到生活，很可能有一天，这种分离运动在喜新厌旧的心理驱动下，又要开始。

"去国数日，见其所知而喜；去国旬月，见所尝见于国中者喜；及期年也，见似人者而喜矣。"流亡之人，离开故乡几天，见到认识的人会高兴；离开故乡几个月，见到在家乡见过的人会高兴；几年后，见到长得像乡亲的人就高兴。

但是，在《庄子》这里，事情并不那么简单。不是所有久违的事物都有同等唤起感官兴奋的能力。《庄子》暗示：人们真正远离已久，见到就会很亲切、很高兴的东西，其实是自己的本性，或者说本性在外物之上的反映。所以，真正让魏武侯高兴的，是他从徐无鬼的话中觉悟到自己丧失已久的本性，他这个"去国"已久的人，看到了"似人者"，看到了"昆弟亲戚"。

那么，我们想想：在变化万端的艺术世界中，是否有某种稳定的艺术类型存在？一种无论艺术形式怎样发展都保留在深处的艺术精神、艺术原则？按照《庄子》的逻辑，是有的。这倒不是说存在一种具体的、永恒的艺术形式，而是说很可能有一种精神、原则，是任何时代都需要的，这就是人的天性。具体什么是人的天性，先不着急回答。但什么是合乎人天性的艺术作品，却可以经验地得到回答。荷马史诗，古希腊雕塑，唐、五代的山水画，文艺复兴的绘画，德国古典音乐……历经所有时代仍然被人们欣赏，它们里面一定有某种相对稳定的合乎人性的因素。当人们离自己的本性近一点，欣赏起来就相对容易一些，相反，则难一些。至少，从这个角度来说，所谓"不朽的艺术"是可能的。

第五节　积累

任公子为大钩巨缁，五十犗以为饵，蹲乎会稽，投竿东海,旦旦而钓,期年不得鱼。已而大鱼食之,牵巨钩,陷没而下,(惊)[骛]扬而奋鬐,白波若山,海水震荡,声侔鬼神,惮赫千里。任公子得若鱼,离而腊之,自制河以东,苍梧已北,莫不厌若鱼者。已而后世辁才讽说之徒,皆惊而相告也。夫揭竿累,趣灌渎,守鲵鲋,其于得大鱼难矣!饰小说以干县令,其于大达亦远矣,是以未尝闻任氏之风俗,其不可与经于世亦远矣!(《外物篇》)①

这则故事有几个要点:一、为了钓非同寻常的大鱼,任公子做出了非同寻常的准备,"为大钩巨缁,五十犗以为饵,蹲乎会稽,投竿东海";二、任公子不厌其烦,付出了漫长的时间,毫无作为,专门等待大鱼上钩,"旦旦而钓,期年不得鱼";三、最后得到了举世无双的大鱼,"白波若山,海水震荡,声侔鬼神,惮赫千里";四、这条鱼发挥的作用广大而持久,"自制河以东,苍梧已北,莫不厌若鱼者"。

与此相反,那些没有准备、没有耐心、浅薄寡陋的人,"揭竿累,趣灌渎,守鲵鲋,其于得大鱼难矣!"

这则故事对艺术创作的启示是:第一,艺术创作要有高远的眼光,对于人生、世界要有开阔的胸怀,不能被蝇头小利束缚;第二,艺术创作必须经过长期、大量的锻炼和积累,要经得起"经年不得鱼"的寂寞,才能获得较高成就;第三,这样创作出来的作品才能流传广远,为文化、历史做出巨大贡献。

———————————

①庄子集释.第四册.1961:925.

相反,如果耍小聪明"轾才讽说",企图靠艺术来追名逐利"饰小说以干县令",那么"其于大达亦远矣"。

第六节　真诚

艺术作品的一个重要目标,就是"动人"。做到"动人",是许多艺术家努力所在,"为人性僻耽佳句,语不惊人死不休"(杜甫《江上值水如海势聊短述》)。但是,具体如何实现这个目标,却有着不同的路径:有些人追求形式,比如文学史运用修辞,绘画运用夸张的色彩,音乐使用强音;但也有人追求内在的、深层次的根据。比如《渔父篇》中这段话所倡导的:

> 真者,精诚之至也。不精不诚,不能动人。故强哭者虽悲不哀,强怒者虽严不威,强亲者虽笑不和。真悲无声而哀,真怒未发而威,真亲未笑而和。真在内者,神动于外,是所以贵真也。[①]

《庄子》认为:真诚才是动人的决定性因素,"不精不诚,不能动人"。也就是说:只有内在真实地具备了某种素质,才能翻译为某种形式,传递到另一个主体的感觉中,重现那种素质。

———————————

① 庄子集释.第四册.1961:1032.

这也就是通常说的"同情""同感"。它发生的基础是内在情感素质及其显现。而且，只要具备了这种内在素质，它自然而然会表现出来，传达到另一个主体的意识中，而不拘泥于特定的表现形式："真悲无声而哀，真怒未发而威，真亲未笑而和。"反之，"故强哭者虽悲不哀，强怒者虽严不威，强亲者虽笑不和。"

总之，真实，真诚是"动人"的基础，艺术创作应该把这一点作为基本原则。"真在内者，神动于外，是所以贵真也。"

第七节　虚实结合

一、出虚

《齐物论篇》中有"乐出虚，蒸成菌"我们可以从正面来看这六个字给我们的启发。"乐出虚"可谓肯定了一种奇异的艺术态度：只有在虚空中才有审美的意蕴空间，才能变化出无穷的旋律。以虚为美，影响至后世，形成一种强大的审美风尚：没有和弦的古琴音乐，一角半边的马、夏山水，太湖石，等等。

当然，从上下文看，《庄子》主要是从否定的角度来谈这个问题。"乐"和"菌"都只是一种虚幻的形式，它们并没有真实、独立的存在，也就没有独立的价值。"日夜相代乎前，而莫知其所萌。"

众所周知，所谓艺术欣赏，长期以来是被认为对形式的欣赏,远至荷加斯、康德,近至贝尔、桑塔耶纳,无不持此观点。根据这种传统,区别审美与非审美的经验,关键就在于该经验是关注对象的形式,还是关注对象的实存。

《庄子》并没有否定艺术是一种形式。它只是认为这种作为形式的艺术只是人类经验的低级层次,它不真实。因此,《庄子》在这里暗示:在艺术欣赏之外,另有一种更高的审美经验的可能。当康德谈到崇高感出于一种"无形式"时,他接触到了这个问题,但很快就进入伦理领域了。

《庄子》也不声称有一个形式背后的客观实在。它拒绝毫无坚实依据、变幻莫测、是非难辨的形式,也不认为可以通过言辩的方式找到实在。它的哲学并不是试图寻找对世界的正确认识,而是否定了认识的可靠性,诉诸体验,诉诸一种生命状态。在这一点上我们几乎可以说《庄子》思想在根本上是有美学气质的。

二、成亏

《齐物论篇》曰:"有成与亏,故昭氏之鼓琴也;无成与亏,故昭氏之不鼓琴也。"这话可以分两层理解:

从正面来讲,可以说音乐艺术必须是虚实结合,有所表达,有所遗漏,一个音发出,另一个音结束,音乐是时间性的,不能同时聆听所有的音,而且,即便一个人可以同时聆听所有音,那也不成其为音乐了。所以,"乐出虚","有成与亏,故昭氏之鼓琴也"。

从反面来讲，这样一种日常的音乐艺术，还不算最高的美。任何一种音乐都只是发出了某些声音，沉默了大部分声音，取悦一部分耳朵，而大部分耳朵无动于衷。所谓的欣赏，也只是在一个很小范围内成立。因此，只有当所有声音都沉默，才能聆听到一种无待的、超越的"大音"（《老子》："大音希声"）。这种聆听，绝非宗教神秘主义所谓的用气功等方式去做一种物理的聆听。在《庄子》这里，无成与亏的音乐，只是一个比喻，当人在认识上超越了分别之后，会得到一种更为饱满、专注的对生命、世界的体验。"为是不用而寓诸庸，此之谓以明。"（《齐物论篇》）"以明"就是一种浑然自足的生命存在在全部感官中的直接呈现。

三、无用之用

惠子谓庄子曰："子言无用。"

庄子曰："知无用而始可与言用矣。夫地非不广且大也，人之所用容足耳，然则厕足而垫之致黄泉，人尚有用乎？"惠子曰："无用。"

庄子曰："然则无用之为用也亦明矣。"（《外物篇》）[1]

《庄子》提出"无用之用"的主张，其诠释却不止一种。著名的例子是"散木"的比喻，它把人的生命存在、本性完整当作"大

---

[1]庄子集释.第四册.1961:936.

用"，借不为世用来保全它——这是"无用之用"的一种，在那里，"用"和"无用"分属两个标准下的判断。而这里，"用"与"无用"都在一个标准下判断，是借"用"与"无用"之间的依存、转化关系，来说明"无用"中已经包含了"用"的条件，离开了这个"无用"，则"用"也就不成立了。

这个道理，放到艺术创作和鉴赏中，就产生了虚实结合的审美原则。如绘画中的"计白当黑"，再如"马一角""夏半边"的山水，为何要这样构图？"黑"和"白"到底是什么关系？借用《庄子》这里的比喻，就能比较清楚地回答这个问题。

《庄子》这里的比喻，简单点说就是：人的立足之地虽然只有两小块，但若把这两小块周围的地都挖去，则立足之地也就没有意义了，因为立足之地的价值就在于它可以迈向非立足之地，也在于非立足之地支撑着立足之地，而且问题的关键在于站立和行走，而不在于地，因此，只有立足之地和非立足之地并存，才能成全那个真正的目的。

那么，在绘画中，虽然画出来的只有几笔山石树木，但未画的空白首先为这些山石树木提供了合适的空间和位置，否则，画出来的东西是壅塞、抽象、孤立的；其次，它也为画出来的物象提供了拓展的可能性，笔墨停止的地方，想象力继续前进，未画处有一个想象合成的潜在图像；更重要的是，绘画的目的并不在于山石树木，而在于提供一个意义空间，这个意义空间必须可以流动、行走、变化，这就需要空白空间，就像广大的非立足之地为行走提供了可能一样。

建筑也是这样。一栋建筑，它并不单靠自身的构造而成立,它的周围环境也在成全或者破坏它的价值。一栋设计精良的建筑,配上肮脏、拥堵的环境,也不宜居住;一个普通建筑,配上优美、便利的环境,也显得美好。有用和无用,虚和实之间,总在暗中作用,相互转化。在这个意义上,有用和无用的区别是模糊乃至错误的。

第八节　作者与读者

一、"质"——读者依赖

> 庄子送葬,过惠子之墓,顾谓从者曰:"郢人垩慢其鼻端若蝇翼,使匠人斫之。匠石运斤成风,听而斫之,尽垩而鼻不伤,郢人立不失容。宋元君闻之,召匠石曰:'尝试为寡人为之。'匠石曰:'臣则尝能斫之。虽然,臣之质死久矣!'自夫子之死也,吾无以为质矣,吾无与言之矣!"(《徐无鬼篇》)[1]

这则"匠石运斤成风"的故事,可以启发我们理解艺术家与欣赏者的关系。类似的故事,有著名的伯牙、子期"高山流水"的故事。"匠石"与"郢人",正类似于伯牙、子期,失去了"质",

---

[1]庄子集释.第四册.1961:843.

匠石也就失去了他的手艺。

人们经常认为,艺术家的创作是独立于欣赏者的,虽然未必不考虑欣赏者的反映,但至少是不依赖于欣赏者。在西方,直到以尧斯、伊瑟尔为代表的"接受美学"兴起之后,读者的地位才得到重视。当然,"接受美学"是把传统对于"作者一作品"关系的关注,转移到"读者一作品"的关系上来。[①] 而《庄子》这则故事也启发了人们对于"作者一读者"关系的注意。

一般会认为,是匠石的技艺高超,才导致"郢人立不失容",而《庄子》要强调的则是:因为"郢人立不失容",才成全了"匠石运斤成风"。创作者并不是主宰,欣赏者也并不是单纯消极地接受,欣赏者的素质、态度影响甚至决定了创作者的创作热情和格调。因为艺术创作毕竟是一种社会行为,是需要得到接受和认可的,正如《庄子》的学说毕竟是要有人来听取和理解,尤其是像惠子这样的对手。因此,是否能遇到棋逢对手的欣赏者,在某种程度上决定了一种艺术能否被激发出来,并被鼓励从而维持下去。这种观点,是符合艺术欣赏的事实的,尽管很多艺术家强调艺术创作的独立性,但每个创作者无不在期待有人欣赏、赞同其作品,在某种程度上,作者反倒依赖于读者。

---

①接受美学译文集.刘小枫,选编.北京:三联书店出版社,1985:89.

二、"同声相应"——对应关系

> 同类相从，同声相应，固天之理也。(《渔父篇》)①

第一，艺术欣赏具有相对性。对于甲能唤起审美经验的作品，对于乙未必能；对于甲有吸引力的艺术门类，对于乙未必有效。所以有人喜欢阳春白雪，有人喜欢下里巴人。有人偏爱音乐，有人偏爱绘画。第二，有时候，艺术欣赏与其说是欣赏一个对象，不如说是欣赏一种关系。当主体和对象处于一种类似、相应的关系中，在主体的直观中就产生一种非接触型的感性愉悦。第三，进一步说，艺术欣赏甚至可以说是对自我的一种欣赏，就像人们欣赏镜中的自我。在艺术作品上面，人们发现了一个外在的、客观的自我，或者至少是自我的某个部分，从而某种内在的价值、结构、经验得到了外在、客观的应和与鼓励，因此引起了非接触型的愉悦。

这是"同类相从，同声相应，固天之理也"给我们的美学启示。

---

①庄子集释.第四册.1961:1027.

三、"音之君"——超越读者

> 于是乎为之调瑟,废一于堂,废一于室,鼓宫宫动,鼓角角动,音律同矣。夫或改调一弦,于五音无当也,鼓之,二十五弦皆动,未始异于声,而音之君已,且若是者邪?(《徐无鬼篇》)[1]

音乐中有"共振"的原理,这是众所周知的。而艺术作品的欣赏,在一定意义上都有"共振"作用在其中。所以根据人的秉性、品味、修养之不同,艺术作品在不同人身上发挥的作用不同。有的人对阳春白雪产生审美愉悦,有的人对下里巴人产生审美愉悦。这也可以说是"鼓宫宫动,鼓角角动"。

然而按照《庄子》的逻辑,有一种音乐或者艺术,它对所有欣赏者都有效,"改调一弦,于五音无当也,鼓之,二十五弦皆动,未始异于声,而音之君已!"这种普遍有效的音乐,不是任何一种音调,恰恰是不落入任何特定的音调的音乐。一种绘画或诗歌,若能不落入任何体裁、风格,是否也能因此而成为艺术"之君"呢?这是这则故事给我们美学的启发。

---

[1] 庄子集释. 第四册. 1961:839.

第三篇

作为"审美经验"理论的《庄子》美学

从审美经验的角度来探讨《庄子》思想的美学可能性，也可以给我们更为广阔的视野，使得我们跳出"美"和"艺术"的狭窄关键词，去吸取《庄子》更丰富甚至更重要的美学思想资源。

在审美经验的维度上研究美学，最早可以上溯到休谟、伯克、康德，他们以"趣味"为美学的基本问题，尤其是康德把"审美判断力"作为美学研究的核心，从而把美学的注意力从一个实在的对象"艺术"和一个虚构的对象"美"转移到审美活动中起决定作用的人的经验形态本身。后来杜威推出了《艺术即经验》，杜夫海纳建立了《审美经验现象学》，"审美经验"基本成为美学在现当代发展之后的核心研究对象。

这种把视野集中在经验本身而非对象身上来探讨审美问题的思维方式，正是《庄子》美学最突出的特点，也是它在理论上对于美学研究最有启发的方面。跟西方哲学家们折中的思路不一样，《庄子》把这样一种维度和方向发挥到了极端，开启了一种"非对象审美"的可能。这种"非对象"的审美方式，并非"无对象"，而是不依赖于某种特定对象（如"艺术""风景"或者"美"）。

本篇的任务是从《庄子》中发掘出思想资源，来考察按照《庄子》的逻辑，如何从审美经验的前提、本质，走向审美经验的理想形态"非对象"；也就是说，一种非对象的审美究竟如何成为可能。

第七章 审美经验的前提——审美超认识

一般的认识论模式,是把经验看成为认识提供材料,是认识的开始或者认识的原初形态;而在《庄子》里面,这个秩序颠倒了,人的经验,或者说生命的展开、人的存在,是最高目的,而认识有待超越,认识反而是达到经验的手段,认识的目的是通向一种高级的经验模式。这种经验模式是非功利、自成目的、非分析性、直观的,这正是我们称之为"审美"的经验模式。

第一节 基于认识的审美

一、具备一定的认识能力才能正确审美

《逍遥游篇》说道:

> 瞽者无以与乎文章之观,聋者无以与乎钟鼓之声。岂唯形骸有聋盲哉? 夫知亦有之。[1]

----

[1]庄子集释.第一册.1961:30.

133

这里涉及一个备受争议的美学课题:审美经验是否有赖于认识能力。这段文字的前两句,只是认为离开了一定的感官能力就不能欣赏相应的艺术,没有视觉能力就不能欣赏色彩装饰("文章"自然是指"青黄黼黻",而非今日之文学),没有听觉能力则不能欣赏音乐。

纵观《庄子》,它是对世俗所谓美的艺术持怀疑态度的,而《逍遥游篇》里[1]又把文章、钟鼓和形骸之外的藐姑射之山的神人形象并列,这意味着后者是在否定前两者的基础上,又作为与之类似的事迹提出来的。前两者是"形骸"的审美,后者是超越了形骸的"精神审美"。"肌肤若冰雪,绰约若处子",这是用视觉形象来比喻那个非视觉形象在心中产生的审美感受。

对于这样一种非具体感官但其实又调动了全部感受力的超出形骸的审美体验,《庄子》认为,需要"知"来成全。肩吾无此智慧,则不足以体会这样一种"大美",连叔的认识达到了,所以他能体会这种境界。

当我们阅读《庄子》,确实可以预感到一种超乎日常生活审美之上的另一种美的可能,日常生活之美,有依赖知识的一面,但《庄子》意义上的精神性的大美,却是整个人格智慧所促成的,是一种高度认识所带来的直观能力。

---

[1]此处涉及的原文为:"肩吾问于连叔曰:'吾闻言于接舆,大而无当,往而不返。吾惊怖其言,犹河汉而无极也;大有径庭,不近人情焉。'连叔曰:'其言谓何哉?'曰:'藐姑射之山,有神人居焉,肌肤若冰雪,绰约若处子。不食五谷,吸风饮露,乘云气,御飞龙,而游乎四海之外。其神凝,使物不疵疠而年谷熟。吾以是狂而不信也。'连叔曰:'然。瞽者无以与乎文章之观,聋者无以与乎钟鼓之声。岂唯形骸有聋盲哉?夫知亦有之。是其言也,犹时女也。之人也,之德也,将旁礴万物以为一世蕲乎乱,孰弊弊焉以天下为事! 之人也,物莫之伤,大浸稽天而不溺,大旱金石流土山焦而不热。是其尘垢秕糠,将犹陶铸尧舜者也。孰肯以物为事!'"

第七章 审美经验的前提——审美超认识

与此类似,《大宗师篇》也有"夫盲者无以与乎眉目颜色之好,聋者无以与乎青黄黼黻之观"的说法。由此观之,《庄子》认为审美经验的发生是有前提的。美不是先于经验存在的。人必须具备一定的官能,然后才能产生审美经验。但不仅如此,为了真正获得一种审美经验,人不仅要具备自然的官能,还要获得一种文化官能、一种审美鉴赏力。所以《逍遥游篇》中《庄子》接着说:"岂唯形骸有聋盲哉? 夫知亦有之。"审美,在最基本的层面上,也就是"感性愉悦"这一点上,可以产生于纯生理感官能力;但日常意义上的审美,业已超过了这个词的原始意义,是一种文化综合能力的产物。而《庄子》要培养人的一种更高的能力,即超越日常界限的审美能力。

二、不同的认识带来不同层次的审美

康德把普遍有效性当作审美的核心之一。不具有普遍有效性的,不能算真正的美。但日常经验中的审美却经常不符合这点,正如《天地篇》指出来的:"大声不入于里耳,折杨、皇侉,则嗑然而笑。"

康德的普遍有效之审美也好,《庄子》的天地无言之大美也好,都是美的理想,是对审美的规定。至于实际发生的审美事实是怎样的,这是审美的描述。规定和描述,可以并行(虽然难免有悖)。

这里《庄子》所做的,显然是对审美经验的描述。在现实生活中,审美经验是和个人的文化素养、趣味、感受力相关联的;

135

同时也受人的社会地位、经历、环境影响。虽然被称作"审美"的经验，都是在感官中显现的，但感官也受到个人修养、社会环境的塑造。所以，一部艺术作品能否成为审美经验对象，取决于作品和主体之间是否能对应，如果不对应，则审美经验不会发生。所以，才会有"大声不入于里耳，折杨、皇荂，则嗑然而笑"。

但这不是简单的相对性。虽然映现在主体全部感官中的经验印象并没有、也不可能区分高下，但这种审美感受，却根据唤起它们的对象在社会评价体系中的高下而被区分了高下。从字面上我们也能看出来："折杨、皇荂"比"大声"要包含更少的技术和文化因素，也因此对欣赏者没有太高要求，一般人都会喜欢，"嗑然而笑"。而那对人的鉴赏能力、文化素养乃至认识能力有较高要求的作品，则把普通受众筛选下去，"不入于里耳"。

《至乐篇》中还说道："咸池九韶之乐，张之洞庭之野，鸟闻之而飞，兽闻之而走，鱼闻之而下入，人卒闻之，相与还而观之。"

首先，这里表达的是：同一个艺术作品（"咸池九韶之乐"），对于人是欣赏的对象，对于鸟兽虫鱼则是恐惧的对象。

其次，这里也暗示美感的产生有赖于后天的修养。在《庄子》哲学的视野中，人在先天层面上，并不高于鸟兽虫鱼，这个观点在这一段的下文"种有几"的论述中就很明显。为何"咸池九韶之乐"对于人有效，对于其他动物无效？一方面固然可以是由于他们各自的本性不同，所适应的外在对象也不同。但不要忘了,"咸池九韶之乐"固然不适用于鸟兽虫鱼,《庄子》也并不认为"咸池九韶之乐"合乎人的天性。所以,人对它的欣赏,归根结底来自后天的教育,亦即文化熏陶。可以说,审美经验在很大程度上是文化的产物。

如果审美经验是文化的产物,那么最容易唤起审美经验的首先当然是艺术作品了。所以,从这个角度,人们说人对自然的审美经验是模仿对艺术的审美经验,是有一定道理的。

《至乐篇》中"以鸟养养鸟"的故事也是对这个道理的阐发:

> 昔者海鸟止于鲁郊,鲁侯御而觞之于庙,奏九韶以为乐,具太牢以为膳。鸟乃眩视忧悲,不敢食一脔,不敢饮一杯,三日而死。此以己养养鸟也,非以鸟养养鸟也。[1]

首先,九韶之乐,在这里被《庄子》视为与"太牢"一样的享受对象。这并不符合我们今天所谓的审美体验,而被《庄子》归入肉体快乐的对象。

由此,我们也可以说:审美本无关对象,而在于态度[2]。即使是艺术作品,也不是在任何经验中都作为审美对象出现。一幅画在博物馆保安眼里只是一种责任和负担;一张音乐唱片在推销商眼里只是赚钱的手段;一首在宴会上演唱的歌,在不懂音乐的人耳中听起来也只是奢侈的享受。

---

[1]庄子集释.第三册.1961:621.
[2]"审美态度"理论,可参见布洛和杜夫海纳,分别见于:缪灵珠美学译文集.章安祺,编.北京:中国人民大学出版社,1998;审美经验现象学.韩树站,译.北京:文化艺术出版社,1996.

所以九韶之乐,在位高权重的鲁侯那里,并不是审美对象,而只是与其地位相匹配的感官奢侈享受之一种。

其次,既然审美无关对象,另一个理由就是:同一个对象在不同主体的经验中并不必然都唤起审美快感。审美也依赖一定的审美能力与趣味。九韶对人可以是美的,但对于海鸟则不是美的享受,或者什么都不是,甚至可能是痛苦。所以,"鸟乃眩视忧悲"。

最后,审美是具体、独特的经验。真正有效的审美,只有与主体的本性相匹配才能发生。适用于某一个主体的审美方式,并不一定适用于另一个主体。① 这是"此以己养养鸟也,非以鸟养养鸟也"带给我们美学思考的启发。

第二节　审美作为一种整体的、非分析性的认识

《齐物论篇》中提出了著名的"天籁"说:

> 子游曰:"地籁则众窍是已,人籁则比竹是已。敢问天籁。"子綦曰:"夫吹万不同,而使其自己也,咸其自取,怒者

---

①康德也承认:审美的普遍有效性是主观的普遍有效性。并不存在一个适用于所有主体经验的审美原则和标准。参见:判断力批判.2002:48—50.

第七章 审美经验的前提——审美超认识

其谁邪！"①

首先值得探讨的是这则故事开篇的"形如槁木，心如死灰"，这里虽然绝不是谈审美问题，但毋庸置疑地开启了一种奇异的审美可能性。以至于后来在中国艺术中，枯槁荒寒寂寞倒成了一种审美的最高境界。这个问题朱良志先生有较深研究。② 我这里只对《庄子》本身的逻辑做一个挖掘。

"形如槁木，心如死灰"是建立于对世界的洞察之上抛弃概念区分的一种有意蕴的生存样态。槁木死灰本身是没什么值得欣赏的，它本身是反审美的。《庄子》逆转了这一常识。这一逆转靠的就是对"天籁"的领悟。

什么是值得欣赏的？《庄子》在这里为这个问题提供了一个非常开阔的答案：一种经验、一种生存样态，只要它是合乎智慧的、有所洞察的，就是在感性上值得欣赏的。反过来，要对某些不符合感官习惯的感性形象进行欣赏，就需要具备一定的认识能力。（连子游都不能欣赏，更不用说一个陌生人。）

这个观点看上去非常现代。在康德时代是不可以想象这种审美可能的，直到阿瑟·丹托③、瓦尔顿，才把知识作为审美

---

①此处涉及的原文为："南郭子綦隐几而坐，仰天而嘘，荅焉似丧其耦。颜成子游立侍乎前，曰：'何居乎？形固可使如槁木，而心固可使如死灰乎？今之隐机者，非昔之隐机者也。'子綦曰：'偃，不亦善乎，而问之也！今者吾丧我，汝知之乎？女闻人籁而未闻地籁，女闻地籁而未闻天籁夫！'子游曰：'敢问其方。'子綦曰：'夫大块噫气，其名为风。是唯无作，作则万窍怒呺。而独不闻之翏翏乎？山林之畏佳，大木百围之窍穴，似鼻，似口，似耳，似枅，似圈，似臼，似洼者，似污者；激者，謞者，叱者，吸者，叫者，譹者，宎者，咬者，前者唱于而随者唱喁。泠风则小和，飘风则大和，厉风济则众窍为虚。而独不见之调调，之刁刁乎？'子游曰：'地籁则众窍是已，人籁则比竹是已。敢问天籁。'子綦曰：'夫吹万不同，而使其自己也，咸其自取，怒者其谁邪！'"（庄子集释.第一册.1961：43—50.）
②朱良志.曲院风荷.合肥：安徽教育出版社，2003.
③丹托.艺术的终结.欧阳英，译.南京：江苏人民出版社，2005.

139

的必要条件来看待。在《庄子》这里,这个主张没那么独断,它只是启发我们:审美是和某种认识相关的。

当然,认识不仅仅是运用概念、判断、推理的认识;还有在概念、判断、推理之上超越出去的一种对世界的总体、直观的体察。在瓦尔顿、卡尔松那里是前一种认识,而在《庄子》那里是后一种。

《庄子》的认识总是指向一种生命状态。亚里士多德在《尼各马可伦理学》中说真正的智慧是在行为中得到贯彻的智慧,不能体现在行动上,认识就还不到位。《庄子》这里的认识,恰恰是克服了概念分析的局限性的一种总体性体认,所以南郭子綦这段故事可以直接延伸到后面对"大知闲闲,小知间间;大言炎炎,小言詹詹"和"因是因非,因非因是"(《齐物论篇》)的探讨,不可谓没有严密的逻辑推演,但它正是利用概念判断本身的相互否定、抵消来超越概念判断,在否定知识的有效性的前提下达到"天地一指也,万物一马也""天地与我并生,万物与我为一"(《齐物论篇》)的认识。在这样一种高超的认识下,槁木死灰般的存在,才具有了审美意味,因为它是一种被显现出来的智慧,由直觉来把握的人和世界的深层结构。

这种由分析而超越分析的审美实现,就是"天籁"。天籁并非在地籁、人籁之外别有一种声音。《庄子》花那么大篇幅形容"万窍怒号",不是偶然的。这个千姿百态的"地籁",其实也就是后来所说的"大言""小言",百家之言。子綦旨在讲"天籁",却主要描述了"地籁"。其实普天之下就一种声音,"以其异者视之,肝胆楚越;以其同者视之,万物一体",因为"吹万不同",

所以为地籁，为人籁；因为"咸其自取"，所以为天籁。

这其实是一个暗喻，为的是告诉人们：各种观念、学问，它们各执一端，并不能因此而对真理进行割据，它们并不如其自称一样代表世界的真相，而只是风行水上或者雁渡寒潭。在客观、物理上，它们之间是没有本质区别的，听起来跟鸟语没有区别，"其以为异于鷇音，亦有辩乎，其无辩乎"。

地籁、人籁，是对世界具体的不同认识；而天籁，则是对认识本身的认识。意识到"吹万不同，咸其自取"，不再试图做高下是非的评判，就能息却心灵的劳累，以一种完满自足的状态生存着，看似槁木死灰，却是最美好的样子。天籁并非声音，但既然《庄子》用了这个隐喻，我们不妨说，看透了世间有限的分别，进入无分别的状态，就能聆听到生命本身的声音，拥有一种不依赖任何手段、直接充满感官的愉悦，这种审美愉悦，"咸其自取，怒者其谁焉？"

第三节　超越认识的审美

一、"有真人而后有真知"

知天之所为，知人之所为者，至矣！知天之所为者，天而生也；知人之所为者，以其知之所知以养其知之所不知，

> 终其天年而不中道夭者,是知之盛也。虽然,有患:夫知有
> 所待而后当,其所待者特未定也。庸讵知吾所谓天之非人
> 乎? 所谓人之非天乎? 且有真人而后有真知。
>
> (《大宗师篇》)

整个《大宗师篇》主要是谈超越生死界限的认识问题。"生
－死","方内－方外","人－天","知－不知"都可以对照着来
理解。这里引的段落,是强调自然的生死先于人对生死的认
识、分别。生之前,死之后,是"天之所为";而生死之间,则是
"人之所为"的区间。人的认识是囿于生死之间的,而人的存在
本身却先于任何认识。但本质上,无论生前、死后,还是生死之
间,都是自然存在的一部分,"庸讵知吾所谓天之非人乎? 所谓
人之非天乎?"不管表现为怎样一种自然形态,重要的是去存
在,"有真人而后有真知"。

《庄子》的认识论是明确的。它不简单否定"知",而是通过
"知"而超越"知"。很多人理解"堕肢体,黜聪明"为简单地抛弃
思虑,这至少是对《庄子》过于粗浅的解读。要和光同尘,就不
能不知道"人之所为",但也不能局限于此,要进一步知道"天之
所为"。有真人而后才有真知,把"终其天年而不中道夭"看成
最大的"知",但也要"以其知之所知以养其知之所不知"。

把存在、生活本身看成一种更高的体认世界真相的方式,
高于概念、逻辑形态的认识。这无疑是《庄子》的高妙之处,也
为我们从认识论的意义上理解审美经验的价值提供了解决之
道。审美经验一方面是人的认识能力、道德能力通过外部形象

刺激在全部直觉中的刹那显现，另一方面，因为它本身是一种高度发达、凝练的经验形态，它并非各种认识中之一种，而是高度发达的认识能力本身与外部世界的原始接触，它为认识带来了更丰富、新鲜的材料和启发。而这一点，已经有无数已然的审美经验在证实：人们总能感到，一幅绘画、一首诗歌包含了语言穷于应付的表达力。

"以其知之所知养其知之所不知""有真人而后有真知"——这两句话可以概括审美经验的来龙和去脉。这个经验，不再是知识的毛坯和初级阶段，而是知识的肉体，是一个更丰满的意识，一个更贴近世界的真相的意识。

二、"知之濠上"

《庄子》与惠子游于濠梁之上。《庄子》曰："儵鱼出游从容，是鱼之乐也。"

惠子曰："子非鱼，安知鱼之乐？"

《庄子》曰："子非我，安知我不知鱼之乐？"

惠子曰："我非子，固不知子矣；子固非鱼也，子之不知鱼之乐，全矣！"

《庄子》曰："请循其本。子曰'汝安知鱼乐'云者，既已知吾知之而问我。我知之濠上也。"（《秋水篇》）[1]

---

[1]庄子集释.第三册.1961；606-607.

对于这场著名的"濠梁之辩",人们多关注辩论本身的逻辑,即"知"和"不知"的问题。其实,这段话不仅可以从认识论的角度去解读,也可以从审美角度去解读。

庄子"知"鱼之"乐"的这个"知",有别于惠子所谓的"知"。庄子的"知"不是对是非真伪的判断,而是直觉。不是因为惠子通过类比知道了庄子的心思,所以庄子也通过类比知道了鱼的心思。庄子根本就不需要"知道"什么。他只是在"直观""感受"着这个世界。庄子和鱼都有其本性,二者的本性并不相通,但这并不妨碍庄子去尊重和欣赏鱼的本性,以及和它的本性相吻合的行为。对鱼来说,本无所谓"乐","乐"是人的感情,但"出游从容"却是人和鱼可以共有的存在方式、生活方式。当庄子"游于濠梁之上"的时候,他也是"出游从容",如果"出游从容"本身就给庄子带来了"乐",那么,可以推论出,这种乐是存在本身的乐,是可以为一切按照自己本性生存的事物所共享的"乐"。更进一步说,这种状态已经无所谓日常意义上的"快乐",这个"乐"和"适性"是一个意思。

很明显,这则故事也涉及西方美学史上由里普斯所阐明的"移情"问题。普斯对移情的理解,是指人把自身的感情投射到外在对象上面,又反过来把这种感情当作事物的属性来欣赏①。而在庄子这里,也是从游鱼身上反观到了自身的自由以及本性的完满。鱼是否乐,不得而知;这个问题对于观看者庄子也没

---

①关于里普斯"移情说"内容的中译,请参考:西方美学家论美和美感.北京大学哲学系美学教研室,编.北京:商务印书馆,1980:271.德文原著参考:Theodor Lipps. *Grundlegung der Ästhetik*. Hamburg [u. a.]: Voss, 1903.

有意义。重要的是庄子从游鱼身上看到了一种纯粹、真实的存在方式，一种脱离了所有思虑计较、人际纠纷、政治经济属性的活生生的存在，通过游鱼的"从容出游"而向庄子显现，这既是世界向庄子的审美显现，也是庄子对于自身内部所唤起的"自然"之美的欣赏。所以，与里普斯的"移情"理论不同，庄子的游鱼之乐不是主体向对象投射情感，主体并不赋予对象以任何具体属性，而恰恰是各自保留了不同的本性，只是外在事物合乎本性的自在，映现并唤起了主体对自身本性自在的观照，而产生了审美经验。所以，"知之濠上"的"乐"，与其说是"移情"，不如说是"共鸣"。不需要经过"灌注""反馈"等复杂的心理过程，而是直接的、毫无准备的邂逅。

不是所有的经验都发生在知识之后，更多的时候，经验发生在认识之前。在人们还来不及思索的时候，经验已经发生了，然后人们才去找理论和证据来解释这个经验。"共鸣"就是这样一种经验。审美经验也是这种经验的典型，并不是说这种经验不可解释、没有道理，而是说这种经验的发生不依赖任何知识和原理。这和伦理经验、政治经验、科学经验有本质区别。

三、"知者不言"

世之所贵道者书也。书不过语，语有贵也。语之所贵者意也，意有所随。意之所随者，不可以言传也，而世因贵言传书。世虽贵之，我犹不足贵也，为其贵非其贵也。故视而可见者,形与色也;听而可闻者,名与声也。悲夫,世人以形色名声为足以得彼之情!夫形色名声果不足以得彼之情,则知者不言,言者不知,而世岂识之哉!(《天道篇》)①

首先,世人看重书籍,但书籍只是用来记载言语的,言语又只是用来表达意义的,意义又是根据世界本身的存在而衍生的,这样一个世界的存在本身是不能通过言语的中介来转达的。

其次,既然言语不等于世界的存在,也不足以传达世界的真相。那么,言语本身是不足以重视的,值得重视的是世界的存在本身。

再次,一切视觉、听觉的感受和以此为基础的知识,都不足以完整再现世界的真相。

最后,既然语言这种中介不足以传达世界真相,而指向认识的视觉、听觉功能也不足以知晓世界真相。那么,世界的真相靠什么来把握呢? 这个问题,在下面轮扁的叙述中得到了回答。

轮扁曰:"臣也以臣之事观之。斫轮,徐则甘而不固,疾则苦而不入。不徐不疾,得之于手而应于心,口不能言,有数存焉于其间……"(《天道篇》)②

---

①庄子集释.第二册.1961:488-489.
②同上书,第491页。

第七章 审美经验的前提——审美超认识

轮扁斫轮的功夫,"口不能言",无法通过语言、概念来认识和叙述,但是,这个功夫是确实存在的,这里面也有合乎世界真相的行为结构,"有数存焉于其间"。要把握这个"口不能言"的"数",不能靠语言,只可以"得之于手而应于心",也就是说,要靠全部直觉去把握。

通过直觉,可以让人的内在状态、结构和事物的外在结构、状体自然吻合,可以做到"不徐不疾"。这就跟庖丁解牛的"切中肯綮"是一个道理。而庖丁也正是"官知止而神欲行",类似于这里的"得之于手而应于心"。在不借助语言做任何分析、判别的情况下,世界的存在向直觉显现。《周易·系辞上》中有"书不尽言,言不尽意……圣人立象以尽意"①,可以和这里的意思相互解释。

《庄子》的逻辑可以这样表述:世界存在的真相,靠着分析性、概念性的认知(包括服务于认知的感觉)是不足以达到的,因为它瓦解了世界存在本身的完整性,而执行这种分析认知的主要能力是人的语言能力;所以,达到存在的真相,必须摒弃语言,动用人的全部直觉,用人的感觉的完整性去反映世界存在的完整性,因为"人莫鉴于流水,而鉴于止水",而且世界的存在是在时间之中(时间性)的,语言所记录和表达的东西是在时间之外(非时间性)的,一种非时间性的方式不能再现时间性的存在,而只有人的直觉本身才能捕捉到稍纵即逝的存在。所以轮扁说桓公所读之书为"古人之糟粕",只有"得心应手"的直觉经

———————————
①张善文,等.周易译注.上海:上海古籍出版社,2007:396.

147

验,才足以把握当下的存在。

而这样一种全部直觉对于世界存在的映照,以及直觉经验的时间性,正是审美经验的特征。

四、"象罔得之"

> 黄帝游乎赤水之北,登乎昆仑之丘而南望。还归,遗其玄珠。使知索之而不得,使离朱索之而不得,使吃诟索之而不得也。乃使象罔,象罔得之。黄帝曰:"异哉! 象罔乃可以得之乎?"(《天地篇》)[1]

这一段文字,已经被人当作"《庄子》美学"的经典文本来解读。但还是有个老问题:在什么意义上,这则"象罔得玄珠"的故事可以当成美学思想来理解?

既然"离朱"和"吃诟"都得不到"玄珠",那么,"象罔"在某种程度上已经否定和超越了日常的艺术活动。所以,这里并不能把"象罔"当作普通艺术的代名词或者形容词。当然,这里也不是谈"美"的问题,因为这里远远超出了具体的判断。所以,这里唯一有可能为美学所利用的价值,就落在审美经验上面了:"象罔"可以是对审美经验的描述,也可以说,"象罔"就是审美经验。

对于这一段话的思想,大家多注意"玄珠"后面一段文字。

---

[1] 庄子集释. 第二册. 1961:414.

其实,"玄珠"前面的内容也值得注意。关于"黄帝游乎赤水之北,登乎昆仑之丘而南望",郭象并没有具体解释,王先谦的《庄子集解》引用宣颖的话说:"赤者,南方明色,其北则玄境也。南乃明察之方。已游玄境,不能久守,而复望明处,则玄亡也。"[①]这个解释不能说错,但缺陷在于它并没有说出比"遗其玄珠"更丰富的意思来,只是用另一套词汇重复了这个意思而已。但明显这个比喻自身已经透露了"玄珠"失落的原因,而不只是交代这个事实。所以,成玄英的解释看上去更合理一些:"赤是南方之色,心是南方之藏。水性流动,位在北方。譬迷心缘镜,暗无所照,故言赤水北也。昆丘,身也。南是显明之方,望是观见之义,玄则疏远之目,珠乃珍贵之宝。欲明世间群品,莫不身心迷妄,驰骋耽著,无所觉知,暗似北方,动如流水,迷真丧道,实此之由。"[②]——"道"的遗失,是出于"身心迷妄,驰骋耽著"。既然这样,因为身、心的迷妄而遗失的"道"就不可能靠身、心的功能来找回。"知""离朱""吃诟"都无法找到。

这里还值得注意的是"遗其玄珠"然后再"得之"。这说明"玄珠"是人天然具备的,后面因为"游于赤水之北""登昆仑之丘",耽溺于心灵和肉体的双重诱惑而迷失了。

因此,"玄珠"这样的"道"并不是什么别的玄妙之物,而是人浑然的天性、本性,人之为人的完整存在。后天的感官、认识双重欲望蒙蔽了人的本性,依靠知识找不回来,依靠发达的感官功能找不回来,依靠言辩、技巧也找不回来。

---

① [清]王先谦,刘武,撰.庄子集释 庄子集解内篇补正.北京:中华书局,1987:101.
② 庄子集释.第二册.1961:414.

只有"象罔"才能帮人找回本性，重获完整的存在。"象罔"，这里描述的是一种没有任何规定性的、似是而非、浑然天成的纯粹观照，说它是"象"，说明它毕竟是一种表象、直观；说它是"罔"，说明这个表象不足以用言语来描述和限定。

接下来，我们再回过头来想想："罔象"是和"知""离朱""吃诟"并列提出来的，后三者既然都是人的能力之一种，那么，"象罔"这里所指的也是人的一种能力。这种能力超越了后三者，超越了思虑、感官认知和言辩技巧，是纯粹无规定的直观能力。

这种直观能力并不只是发生在审美经验中。但可以肯定，在审美经验中，正是这种纯粹无规定的直观能力在发挥作用。

不下判断、不计利害、不依赖认知性的感官行为，对于对象进行纯粹的直观、观照，就能让人的存在真实显现。"象罔得玄珠"的故事正是这样帮助我们认识审美经验的本质。因为在人类的所有活动中，审美活动首先跳出来，符合这样一种描述。（伦理活动不满足，因为伦理活动需要明确的规定和判别，而"象罔"显然不能判别；认识活动要分析、思虑，"象罔"显然是拒绝分析思考的；饮食男女等需求的满足，更是"玄珠"遗失的原因；其他活动也可以这样类推。）

第八章　审美经验的本质——审美直觉说

审美超越认识意味着：认识所建立的那种主体和对象的分别被超越了。人的存在，先于主体和对象的分别，先于任何对事物做出区分的认识。也就是说，在审美活动中，认识所造成的世界与主体之间的分别，被统一为一种直觉。这种直觉，不同于那种初级的感觉和知觉，而是类似于康德所谓的"判断力"，是一种人的认识能力之总和，即直观的感受力和判断力。

理解这种从整体感受力方面把握世界真相的直觉经验形态，是理解审美经验的关键。

第一节　直觉——对于形式的超越

一、"有情有信、无为无形"

《大宗师篇》提到："夫道有情有信，无为无形；可传而不可受，可得而不可见。"这几句对道的描述，很可以启发我们对所谓"审美对象"的认识。现代美学以来，把审美对象与艺术作品区分开来，认为只有在审美经验中被经验、呈现的才是审美对象。这样一个审美对象不是虚构的、抽象的，而是可以感知，可以与主体发生作用的,正如这里说的"有情有信";它可以被主体经验到,但又是不可重复和替代的,不能被一个主体传授给另一个主体,"可传而不可受"。它也不同于具体、客观的作品本身,不是粗浅的感官印象,它随着主体的知识背景、情感状态而变化,并不胶着于作品本身,可谓"无为无形""可得而不可见"。

与这个反形式的观点相一致,《大宗师篇》又说:"特犯人之形而犹喜之。若人之形者,万化而未始有极也,其为乐可胜计邪?"《庄子》这里自然是反讽:人无非是自然变化出的一种形态而已,他并没有任何优于其他形态的根据,如果因为变化成这种形态就感到高兴,那么,世间其他与之类似的千变万化的物质形态,也都可以成为喜悦的来源。所以,因为自己是人就高兴,这是虚妄的。

《庄子》的意思也可以反过来用。正因为不同形象背后那个存在是同一的、混沌的、没有区别的,那么,就不必因为形象的差异而误以为是存在的差异,可以透过形象看到那无差别的存在,同时又因存在的无差异而忘记存在,只欣赏事物作为形象在目前的显现。这种不关心对象的实存,只关心对象外在形式、形象的令人喜悦的经验,不就是康德所定义的审美经验吗?

二、"物化"

昔者庄周梦为胡蝶,栩栩然胡蝶也,自喻适志与! 不知周也。俄然觉,则蘧蘧然周也。不知周之梦为胡蝶与,胡蝶之梦为周与？周与胡蝶,则必有分矣。此之谓物化。
(《齐物论篇》)①

梦为蝶的时候,"栩栩然",轻松自得的样子;觉为庄周的时候,"蘧蘧然"清醒确凿的样子。这两个词,刻画出一个志得意满、美好自在的生存形象,不是简单的修辞,恰恰展示了这种"适志"的"自喻"具有一种审美气质。庄周与蝴蝶固然不同,但这种区分只是形式上的,无论庄周化为蝴蝶,还是蝴蝶化为庄周,都不影响他作为生动的存在显现出来,庄周并不因为自己不再是庄周而遗憾,也不为自己不再是蝴蝶而欣喜。

不论以什么样的形式存在,都应该超越这种具体形式,去体味、欣赏存在本身的生动和丰满,不要被虚幻的形式束缚,贪恋一种形式而拒绝另一种形式。这才是庄周梦蝶有益的启示。

三、"不知耳目之所宜"

自其异者视之,肝胆楚越也;自其同者视之,万物皆一也。夫若然者,且不知耳目之所宜,而游心乎德之和。
(《德充符篇》)②

这里首先重申了《庄子》里一再出现的思想:事物在其固有

---

①庄子集释.第一册.1961:112.胡,按今为"蝴"。
②同上书,第191页。

的范畴、框架下，显现为各自不同的样态，于是有是非美丑的分别；但世界本身的存在是不依赖于概念、范畴的，一切区分都是意识所造就的形式而已，从世界本身来讲，这些区分是不存在的。

既然区分不存在，那么建立在这个基础上的美丑判断也就不可能是真实、牢固的。对于耳目所接受的音声五色的否定，并非否定它的主观有效性，而是否定它在许多情况下所声称的那种客观有效性。

《庄子》认为，这种客观有效性是存在的，只不过受到了有偏见的主观判断的蒙蔽，若去掉这样一种蒙蔽，则可以在一种非概念、非分析的状况下，让存在的真相得以在人的意识中完整显现，所以它说，把万物视为一体，则"不知耳目之所宜"，就能"游心于德之和"。这个"游"，是一种类似艺术创作与欣赏的自由、专注、忘我的状态，是"逍遥乎无为其侧"。这个"德"，不是得失之"得"，而是生命本身得以保全、充盈（"和"）的那种"自得"，这个"德"听起来貌似玄妙，那是因为我们陷入道德、认知的玄思中，其实若以我们回顾自己平时在审美处境中所获得的那种体验，就可以了悟：《庄子》这里自由逍遥的生命状态，就是我们平时偶尔获得的自在、充盈的审美状态，区别只是：日常审美经验只是刹那，而逍遥之"游"却是常态，所以为"德"。"心"是整体的生命、全部意识，当它在自由、充盈（"和"）的状态中直观存在、自得其乐的时候，就叫作"游心于德之和"。

第二节 直觉——一种整体、感性的审美认识能力

一、"官知止而神欲行"

庖丁为文惠君解牛,手之所触,肩之所倚,足之所履,膝之所踦,砉然响然,奏刀騞然,莫不中音。合于《桑林》之舞,乃中《经首》之会。

文惠君曰:"嘻,善哉! 技盖至此乎?"

庖丁释刀对曰:"臣之所好者道也,进乎技矣。始臣之解牛之时,所见无非[全]牛者。三年之后,未尝见全牛也。方今之时,臣以神遇而不以目视,官知止而神欲行。依乎天理,批大郤,导大窾,因其固然。技经肯綮之未尝,而况大軱乎? 良庖岁更刀,割也;族庖月更刀,折也。今臣之刀十九年矣,所解数千牛矣,而刀刃若新发于硎。彼节者有间,而刀刃者无厚:以无厚入有间,恢恢乎其于游刃必有余地矣。是以十九年而刀刃若新发于硎。虽然,每至于族,吾见其难为,怵然为戒,视为止,行为迟,动刀甚微,謋然已解,如土委地。提刀而立,为之四顾,为之踌躇满志,善刀而藏之。"

文惠君曰:"善哉! 吾闻庖丁之言,得养生焉。"(《养生

主篇》)①

　　这则故事涉及养生、处世的很多问题,这里只把对美学有
所启发的几个问题拈出来。这里的"刀",应该理解为人的内在
生命。

　　庖丁在运刀的时候,也就是自由生存于世的时候,内在生
命发出一种节奏、旋律,像乐曲,也像舞蹈。我们都知道,音乐
来自琴弦之间的频率、节奏、强弱,以及由此带来的和声关系,
也就是说,它是一种内外相应的关系。一首悦耳的乐曲总是意
味着事物之间某种契合、搭配的形成。那么,当一个人的生命
(运刀)也呈现音乐一样的品质,这意味着它和外在世界之间有
一种高度的协调。而反过来,我们就发现,当生命和世界的相
处高度协调的时候,这种生存样态就具备了音乐气质,进一步
说,具备了审美气质。

　　"臣以神遇而不以目视,官知止而神欲行。"从这句话看来,
《庄子》是否定了具体的感官官能的作用而离开了具体感官,这
样《庄子》还怎么审美? 这里对《庄子》所否定的感官,要注意理
解。这里的感官,恰恰不是指那种体验性的、画面呈现的感官;
而是一种为认识提供初级材料的感官,是指向概念推理等高级
认识的一种低级认识,所以才叫作"官知"。与之相对的是"神
欲"。《庄子》否定了官知,并没有肯定与感官相对的理性,而是
提出了"神欲"这个意思。神欲既非初级认知的感性,也非抽象

————————
①庄子集释.第一册.1961:117—124.

156

的精神，它是一种高度集中、高度敏锐的对世界的总体感受力、行动力，它是一种无目的而合目的、无概念而掌握世界结构的高度发达的直觉。只有当一切凝聚为直觉，生存才自得其乐、游刃有余。

"提刀而立，为之四顾，为之踌躇满志，善刀而藏之。"这是一种多么美妙的生存状态。你经历人世，保持着一颗始终完整而自由的性灵，向着世界敞开，不必取予，油然自得，坐观万景得天全，万物皆备于我。一种好的生活，不必是符合某种标准的生活，但一定是一个保持了人的天然心性的存在方式，自身作为目的而存在，并且在意识中映现。而自身作为目的，并且显现——人们常常把它归为审美经验的属性。

二、"无听之以耳而听之以心，无听之以心而听之以气"

《人间世篇》中说："若一志，无听之以耳而听之以心，无听之以心而听之以气。听止于耳，心止于符。气也者，虚而待物者也。"这可以和《养生主篇》中"不以目视而以神遇，官知止而神欲行"相互参照来理解。

"无听之以耳而听之以心，无听之以心而听之以气"的意思也就是不以粗浅、相对的感官印象（"听止于耳"）来下判断，而是以一个正确的整体意识（"心止于符"），这还不够，最后还要以一种完全在概念判断、认识区分之上的一种直观能力，去行动，不存成见，这叫"虚而待物"。去认知、分别、判断，而代之以一种整体性的、直观的"气"，我们说过：这本身就具有一种审美气质。

三、"以其心得其常心"

《德充符篇》中有一句极其重要的话:"彼为己,以其知得其心,以其心得其常心。"这句话,郭象的断句("彼为己以其知,得其心以其心,得其常心")和经解("嫌王骀未能忘知而自存")都有误,而成玄英也跟着附和("彼,王骀也。谓王骀修善修己,犹用心知。嫌其未能忘知而任独者也。")①这段文字分明是赞王骀,以他为例展示《庄子》为人处世的理想,这是整个《德充符篇》的旨趣。哪里读得出"嫌王骀未能忘知而自存""嫌未能遗心而自得"的意思? 而郭庆藩引其伯父郭嵩焘的解释则合乎《庄子》义理和文字本身:"知者外发,心者内存;以其知得其心,循外以葆中也。心者,不息之真机,常心者,无妄之本体;以其心得其常心,即体以证道也。"②

我们说《庄子》在认知、分别的思维框架之上,给出了一种超越日常审美经验中的美丑界限的一种审美可能性。这句话正好简明扼要地概括了《庄子》整个思想的脉络:

"为己"。当美学史上对于日常意义上的审美经验是否真的不需要知识,是否真的无关乎道德、实用功利,是否只涉及形式等问题争论不休的时候,至少在这一点上基本上是有共识的:审美经验中,对象不指向任何之外的东西,它的价值就在自身中。这就可以作为我们定位美学的最基本的理论出发点。

---

①②庄子集释.第一册.1961:193.

若自身作为价值链条的终端,而非工具或过渡的时候,这样的存在样态,就具有了审美气质。

"为己"的状态,具体而言是这样实现的:

首先是要有洞见。对于身外的生死存亡、得失祸福要有透彻的认识。同时,对于自己的本性也要有发现和确认。这样,人才能作为一个完整而成熟的意识存在于世,这就叫"以其知得其心"。

这颗心不是抽象的、普遍性的所谓"精神",而恰恰是具体的、独一无二的个人的直观能力。靠着这种具体、个人完整的直观能力,人才能与世界的总体精神相契合,实现一种内外协调的生活。这就叫"以其心得其常心"。岂在个人的"心"之外复有独立的"常心",有的只是活泼具体的个人意识,但当它超出个人的狭隘分别、界限之后,就具有一种"常心"的品质了。这也就叫"天地与我并生,万物与我为一"。

这种与天地万物一体的设想并不神秘,它是人高度发达的、整体性的认识能力、道德能力的一种直观显现,是扩大为一种生命状态的审美经验。因为它已经是一种整体的生命状态,我们不能以"审美"二字来将它区分于其他经验,但在这种生命状态实现之前,我们在被称之为"审美"的经验中找到了它的片段、样本。于是我们也可以把一个用来形容局部的词语权且用来形容全体,以便我们在认识上找到它所必需的连续性,从而使得这种表象得以恰当理解。

四、"一知之所知"

《德充符篇》仲尼向常季论王骀说:"官天地、府万物、直寓六骸、象耳目、一知之所知而心未尝死。"

人岂能真的"官天地、府万物",所谓包藏、统领天地万物,也只是一个比喻,当意识不再试图做出"有左,有右,有伦,有义,有分,有辩,有竞,有争"(《德充符篇》)的区别的时候,就能自由、开放地体察整个世界的存在,郭象解释这六个字说"冥然无不体也"[1],这个"体"字用得非常好。

而这个"体",并不脱离具体的感官去体察,所以它"寓六骸,象耳目";但它又不局限于某种感受,它能调集全部感觉能力,去体察一个整体的存在,在这个意义上,六骸对体察者而言只是寄旅,而耳目对他而言只是仿佛有之。

对于《庄子》,稍加注意就会发现,它并不如我们通常所以为的那样:反对智慧,鄙视感官。它只是强调不粘着,不坐井观天。它倡导的哲学之路,并非后人梦想的一步登天,顿悟天开的神话,而是一个尊重并发扬了人的全部感受和认识能力,不断突破局限,所达到的生存境地。

所以在这段形容一个理想人格的话中,它并不是简单否定"知",而是主张有智慧的人能把具体认识都统一起来,统一到一个整体的直觉里,让人具有高度的判断力、洞察力、行动力。

---

[1] 庄子集释. 第一册. 1961: 195.

这样一个"一知之所知"的人格，绝不是一个神话般的偶像，而是一个"心未尝死"的生机勃勃的意识。

五、"混沌"

《应帝王篇》中讲了一个关于"混沌"的著名故事：

> 南海之帝为鯈，北海之帝为忽，中央之帝为浑沌。鯈与忽时相与遇于浑沌之地，浑沌待之甚善。鯈与忽谋报浑沌之德，曰："人皆有七窍以视听食息，此独无有，尝试凿之。"日凿一窍，七日而浑沌死。[1]

如果我们这里把"混沌"比作审美经验，"七窍"比作审美感知的官能，可以对审美经验有一个深入的理解。

这比喻看似矛盾：审美经验首先就是感官经验，是依赖于五官感觉的，正是这里说的"视听食息"。为何又说"日凿一窍，七日而浑沌死"？

审美经验，首先是一个完整的经验[2]。在审美经验中，感官能力，甚至认识能力发挥作用，汇集成一种整体的直觉能力，运作成一种经验。但这种经验，却不带有对任何感官感知的意识和反思。当意识的整体经验到"一幅画"，这时候，不是眼睛在

---

①庄子集释．第一册．1961：309．
②这方面的理论资源，可参考杜威《艺术即经验》中的"一个经验"．杜威．艺术即经验．高建平，译．北京：商务印书馆，2005：37—61．

看这幅画,而是整个直觉。反之,如果人有意识地用眼睛去"看"这幅画的时候,审美经验消失了,认识、分析的活动取而代之。当一个人沉浸在贝多芬的奏鸣曲中,他并没意识到自己在用耳朵听这首曲子,而是用整个身心在听,一直用毫无分别、毫无间隙的整体意识在听这首曲子。反之,如果一两个音出了差错,他开始"竖起耳朵"辨别音乐的时候,审美经验消失了,认识活动取而代之。

所以,尽管表面上《庄子》反对感官,它反对的只是指向认识、为认识服务的感官;也就是有意识地进行着的感知活动。在审美活动中,为促成整体直觉而发挥作用的感官,《庄子》并不反对,《庄子》只是反对把它们从整体的直觉中剥离出来。否则的话,混沌就会死去,审美经验就会消失。

尽管感知,乃至认识,都作为基础支持着审美经验,但是在审美经验中这一切都被遗忘,只有一种混沌的直觉在发挥作用。"混沌",真可谓审美经验的最好形容。

第九章　审美经验的理想——非对象审美

经过对于主体、客体二分的认识的超越，以直觉把握世界真相的审美经验，作为人类经验的形态之一种，最终导向的是不依赖任何具体对象形式的经验模式，进入我们所谓的"非对象审美"。

值得注意的是，这种非对象审美，并非一种特殊的审美形态，而是审美经验在逻辑上的必然。当审美摆脱了对特定对象（比如艺术）的依赖，转而注重主体经验本身的时候，它就显出它作为人的经验能力、经验方式本身的自足的一面。审美经验，本质上是一种自足的经验，是人的经验能力的自由游戏。

这样一种不依赖对象的"非对象审美"之所以可能，我们可以从《庄子》中找到逻辑：首先，通常所说的"审美非功利"观念中，已经孕育了"审美非对象"的逻辑可能性；其次，"为艺术而艺术"的精神，也启发了人们最终走向"为人生而艺术"；最后，当一切都朝向人的存在和经验本身的质量的时候，一种"非对象"的审美经验就成为可能。

第一节 非对象审美的逻辑来源：从"审美非功利"到"审美非对象"

说起"审美非功利"，人们很容易想起《大宗师篇》中这一段话：

> 颜回曰："回益矣。"仲尼曰："何谓也?"曰："回忘仁义矣。"曰："可矣，犹未也。"他日，复见，曰："回益矣。"曰："何谓也?"曰："回忘礼乐矣。"曰："可矣，犹未也。"他日，复见，曰："回益矣。"曰："何谓也?"曰："回坐忘矣。"仲尼蹴然曰："何谓坐忘?"颜回曰："堕肢体，黜聪明，离形去知，同于大通，此谓坐忘。"仲尼曰："同则无好也，化则无常也。而果其贤乎！丘也请从而后也。"[1]

通过"坐忘"一节来谈《庄子》的"审美非功利"思想，应该从何说起?

"审美非功利"在哈齐生那里，是"必然的""直接的""不因展望利益而生的快乐"[2]。在康德那里，非功利主要是表述为

---

①庄子集释.第一册.1961:282—285.
②缪灵珠美学译文集:第3卷.章安祺，编订.北京:中国人民大学出版社,1998:60.

"不关心对象的存在"①,相应地,也就是说审美所关心的只是"纯粹主观的形式"②。因为不管是实用功利还是道德功利,都是指向一个外物或者一个外在的目的,要占有或改变对象的存在;而审美只停留在对象的纯形式上面,不关心也不影响对象的存在。叔本华的非功利思想主要是指:在审美体验中,对象可以从时间之流中超拔出来,可以摆脱根据律的支配,也可以超脱在时空之外,是一种瞬间的永恒状态。他说:"艺术使时间的齿轮停顿了。就艺术来说,那些关系也消失了。只有本质的东西,理念,是艺术的对象。"③为什么艺术有这种功效呢?因为它是"由纯粹观审而掌握的永恒理念"④。在布洛那里,"非功利"是"仿佛同实践的、实际的自我脱节,使它同我们个人的需要和目的无关——简而言之,就是'客观地'看它"⑤。

首先,《庄子》这里所说的是不是哈齐生意义上的非功利呢?"回益矣",这说明颜回达到的是一种肯定性的状态,也就是获得一种满足感,堪称快乐。而这种快乐就是通过"忘"来实现的,既忘掉了伦理价值的是非区别,又忘掉了认识上的真伪区别,所以这种经验肯定不是"展望利益"。所以,《庄子》的意思可以包含哈齐生的意思,但绝不局限于此。《庄子》连"展望"的能力本身也要抛弃。康德强调不关心对象的存在,只关心对象的形式,而《庄子》似乎连对象的形式都不要关心了。布洛摆脱个人的实践需要和目的,这看上去很有"坐忘"的味道了,但

①②判断力批判.2002;38-39.但邓晓芒曲译为"存有"的"existenz"我认为还是直译为"存在"好。
③叔本华.作为意志和表象的世界.北京:商务印书馆,1982;258-259.
④同上书,第258页。
⑤缪灵珠美学译文集.第4卷.1998;375.

他是要"客观地"看待对象,而颜回是连对象都没有了。只有受东方思维影响的叔本华似乎离《庄子》最近,他要从时间之流中超拔出来,这接近颜回说的"同于大同",以及仲尼说的"化则无常"——"时间的齿轮停止了"。

所以,《庄子》这里强调的,并不是通常在美学史上谈的"审美非功利"。若说它有一个"非功利"思想,决不停留在日常工具性、实用性功利标准这个层面,去否定和超越。因为用一种标准去超越和取代另一标准,终究是换汤不换药,"此亦一是非,彼亦一是非"而已。否定了日常生活的功利需要,而热中于推崇不受日常需要左右的审美体验,这本身又造就了另一种功利观。《庄子》正是看到了设定标准的认识本身的相对性、局限性,因此要把这个去掉,"黜聪明";不仅如此,它还要把日常审美赖以存在的为认识提供素材的感官功能也去掉,"隳肢体";这样"离形去智",就能以全部存在、直觉,去与宇宙的存在相融合,同一,"同于大通",进入无分别、无爱憎、无美丑的境地,"同则无好,化则无常"。

这种境界,已经不再是日常的审美境界了,只是因为它是一种非功利、非认识的物我无间的体验、朝彻,我们可以看出这个体验与审美体验之间的极大相似性。所以,它也可以为我们暗示一种在现有美学框架之外的审美可能性:一种"生命审美",一种"非对象审美"。

《大宗师篇》中也有一个和"坐忘"类似的对非对象审美的描述:"见独":

第九章　审美经验的理想——非对象审美

　　　吾犹守而告之，参日而后能外天下；已外天下矣，吾又
　　守之，七日而后能外物；已外物矣，吾又守之，九日而后能
　　外生；已外生矣，而后能朝彻；朝彻，而后能见独；见独，而
　　后能无古今；无古今，而后能入于不死不生。①

　　这一段长长的克服内外偏见和拘囿的认识、修养过程，几
乎可以用来描述非对象审美体验的过程。

　　"外"，郭象、成玄英都引以为"遗忘"。"外天下""外物"是
遗忘了客观世界的存在，"外生"是遗忘了主观世界的存在，这
样，进入纯粹的直觉、对纯形式的观照，此之谓"朝彻"，在"朝
彻"的境界中，人只专注于目前此时此地的经验本身，没有内
外、物我的差别，与世界浑然同在，这是"见独"，也可谓"独见"。
在这个时候，因为泯灭了认识上的差异、内外物我的区别，看到
的只是同一、混沌的存在表面，多样、无定的形式在变幻，那种
被误认为线性排列的、现实存在的时间、历史，被当作一种附着
于虚幻形式之上的认识秩序而被抛弃，世界不是"曾存在""将
存在"，而是"存在着""无古今""不死不生"。在审美经验中，形
式与存在自然脱离，主体怀着对无形式、无时间的存在的信心，
超脱功利思虑，专注于当下的经验本身，欣赏着不妨碍存在的
变幻的形式，"朝彻"而"见独"。

①庄子集释.第一册.1961:252.

第二节　非对象审美的逻辑后果：从"为艺术本身"
　　　　　　 到"为人本身"

从上一节的分析可以得出：《庄子》意义上真正的审美，是指一种超越日常功利、认识的审美体验状态，这种审美体验并不依赖某种特定对象，是一种内省式的、纯粹的生命状态，因为它符合我们传统对于审美经验的描述，故称之为"非对象审美"。

在《骈拇篇》中《庄子》进一步通过对日常艺术以及欣赏的怀疑，把这个思想发展开来：

> 且夫属其性乎仁义者，虽通如曾、史，非吾所谓臧也；属其性于五味，虽通如俞儿，非吾所谓臧也；属其性乎五声，虽通如师旷，非吾所谓聪也；属其性乎五色，虽通如离朱，非吾所谓明也。吾所谓臧者，非所谓仁义之谓也，臧于其德而已矣；吾所谓臧者，非所谓仁义之谓也，任其性命之情而已矣；吾所谓聪者，非谓其闻彼也，自闻而已矣；吾所谓明者，非谓其见彼也，自见而已矣。夫不自见而见彼，不自得而得彼者，是得人之得而不自得其得者也，适人之适

第九章 审美经验的理想——非对象审美

而不自适其适者也。[①]

认识,无论感官认知,还是道德判断,就其把人的天性寄托于外在对象这一点上是一样的。曾、史之于判断仁义,肯定是高手;俞儿之于品尝五味,肯定是极致;师旷的听力、离朱的视力,也都是世上第一。就感官对于外在对象的识别、判断这一点上,他们无疑是值得赞赏的。

《庄子》并不否定他们的能力,而是提出了一个更高的评价标准。因为他们都有一个致命的弱点,那就是把人的天性耗费于外在事物之上,人成了工具,而非目的。这样一来,人的所谓能力越发达,也只是更好地充当了某一方面的工具。这就像"南辕北辙",车再好,速度再快,也只是离真正的目标越远,因为它在一个错误的方向上。

只有人本身才是一切的目的。《庄子》没有对这一点进行论证,康德也没有。因为这点是不言而喻、不证自明的,是超验的原则。它不靠其他前提来证明,否则的话,它就成了衍生的结论而不是第一原则了。相反,其他结论都要从它这里推导出来。

因此,不把人当成目的,而是器具,师旷,离朱非但不是最聪明的,反倒是最糊涂的。真正值得去追求的智慧是保全整个生命、存在的完整和自由,"任其性命之情而已"。真正的好听力不是去听一个外在对象,而是聆听自己的生命节奏;真正好

————————

①庄子集释.第二册.1961:327.

169

的视力不是去辨别外在对象,而是审视、洞察自己的生命本质、内心世界。"自得其得"而非"得人之得","自适其适"而非"适人之适"。这样,才能更好地让作为目的的人的存在本身,通过这样的耳聪目明而得以呈现,照亮。

这里,《庄子》给我们的美学思考一个重要的启发:是否可能有一种"非对象审美"?

当人们谈欣赏、审美,总是说对某个外在对象的欣赏和观照,这里"某个外在对象"一般是指艺术作品,或者自然风景。即使有一些现代思想家,它们试图把现实存在的客体和审美经验中的审美对象区分开来,认为审美对象是在审美经验中再次构造的形象[1],这样一种形象依然是一个"外在对象",尽管是在意识中虚拟的。

康德在哲学的历史长河中脱颖而出,他把审美归为"判断",归为"快感或不快感"[2],把审美的本质归为"想象力和知性的自由游戏"[3]。它不是一种对于对象本身的认识,而是人类认识诸能力本身的一种自由游戏,而所谓的"审美对象"不过只是提供了一个刺激、一个契机而已。这个思想很可以和《庄子》这里的"自闻""自见""自适其适"相互理解。

我们甚至可以联想到康德的"游戏"观和《庄子》的"游","游者鞅掌,以观无妄"。这种并不服务于任何目的的活动,不是"知"的活动,而是"能知",知识能力本身的活动,是认识能力

---

①杜夫海纳.审美经验现象学.韩树站,译.北京:文化艺术出版社,1996:27—43.
②判断力批判.2002:34—45.
③同上书,第52—53页。

受到外在激发,瞬间最高的活跃与显现。这样一种人本身全部能力、智识的集中显现,康德用来界定审美经验的本质,以此区别于道德、认识以及感官享受。审美活动本质并不是对对象的认识、发现与感知,而只是人本身内在能力的唤起与活跃——这样一种现象,就可以用"非对象审美"来描述。当然,我们不说"无对象"。

而《庄子》在这一段中所表达的思想,"自闻""自见""自适其适",无疑是比康德思想更彻底的一种"非对象审美"活动。因为在康德那里,只有"能知"(知识能力)才成全了这个非对象的审美;但"所知"(知识对象)还是一个外在对象。而在《庄子》这里,无论"能知"还是"所知"都是人本身,耳朵是人本身的,耳朵听到的也是人本身,其他感官以至判断都一样。

西方流行的"为了它本身"(for its own sake),到了《庄子》这里,成了"为了人本身"(for my own sake)。对象完全被取消了,人作为自足、自由的存在而显现。

《大宗师篇》中对于这种取消对象的"自适其适"也有过论述:

> 若狐不偕、务光、伯夷、叔齐、箕子、胥余、纪他、申徒狄,是役人之役,适人之适,而不自适其适者也。[1]

"若狐不偕、务光、伯夷……"这些都是为世间立定的价值

———————————
[1]庄子集释.第一册.1961:232.

171

标准而牺牲生活、性命的人,是为了某种外在标准而充当了工具、手段,"役人之役,适人之适"。而真正值得追求的,是实现和保全人的内在价值,人之为人的本性和存在形态。只有人自身才足以充当一切行为、思考的目的。在目的链条终结的地方,是"真人";而在此之前,是艺术和审美经验,在例示"自适其适"的存在样态。

第三节　非对象审美的本质:从"对象"到"经验"

前面论述过一个发现:在《庄子》的思想中,可以说有一种"非对象审美"的主张。这个概念听起来很古怪,但按照《庄子》的逻辑是可以成立的。

在《缮性篇》中,《庄子》阐发了"得志""乐全"的思想。说:

> 乐全之谓得志。古之所谓得志者,非轩冕之谓也,谓其无以益其乐而已矣。今之所谓得志者,轩冕之谓也。轩冕在身,非性命也,物之傥来,寄者也。寄之,其来不可圉,其去不可止。故不为轩冕肆志,不为穷约趋俗,其乐彼与此同,故无忧而已矣。今寄去则不乐。由(之)[是]观之,虽乐,未尝不荒也。故曰,丧己于物,失性于俗者,谓之倒

第九章 审美经验的理想——非对象审美

置之民。①

　　日常所谓的审美经验、审美愉悦，都是依赖于一定的对象。没有审美对象，审美愉悦不会产生。这就合乎《庄子》所指的"今之所谓得志者，轩冕之谓也"。离开一定的外在对象，这样一种"得志"就不会产生。但这样一种愉悦，正因为它依赖于外在对象，它不与人的存在本身必然结合在一起，因而是不可靠的，它也就只是暂时的、偶然的，这就是"轩冕在身，非性命也，物之傥来，寄也"的意思。

　　而外在对象，其本身并没有价值。它的价值在于唤起"得志""乐"的感受。重要的是"乐"的感受，而非对象本身。

　　有对象的"乐"，"寄去则不乐"，因此不是稳定可靠的"乐"，不是值得追求的"乐"。不仅如此，这种寄托于外在对象的"乐"，对人的内在本性是一种荒废和剥夺，"虽乐，未尝不荒也"。最终也只是"丧己于物，失性于俗"，这不是人性修养的目的。

　　所以，真正的"乐"和"得志"，不依赖于外在对象，是一种"非对象的乐"。"古之所谓得志者，非轩冕之谓也"，它是一种绝对的乐，也可以说，它无所谓乐，它就是一种不再欠缺的完满状态，"乐全之谓得志"，不再有什么活动和对象，可以让这种状态变得"更乐"，"无以益其乐而已矣"。

　　这种"非对象的乐"之所以可能，原因就在于人性的完满。

────────────

①庄子集释.第三册.1961:558.

173

乐的感受，无非来自于从欠缺向满足状态的过渡。如果人性保持自身天然的完满，那么，就不言而喻、不证自明地"乐"了。这种乐来自自身内部，不依赖于一定的外在对象，所以，任何对象都不会影响这种"乐"的状态，"为轩冕肆志，不为穷约趋俗，其乐彼与此同，故无忧而已矣"。这种本性自足、完满的状态，已经无所谓"乐"，所以，不如从否定的角度，把它形容为"无忧"。

从上面这个逻辑推导，我们就可以说："非对象审美"之所以可能，是因为审美活动的核心不在于审美对象，而在于审美愉悦的获得，而审美愉悦本质上是一种以自身为手段兼目的的愉悦，不涉及概念、目的和利害计较。当人实现了自足、自然而完整的存在，这个存在在主体自身的直觉中显现出来，他就会拥有一种以自身存在本身为目的的满足感，这种满足感可谓主体对自身存在的审美体验。人，作为目的，存在并显现，这就是"非对象审美""审美的存在"。

值得注意的是："非对象审美"不能误解为"人对自身的审美"，因为这样的话依然是一种有对象的审美，只不过这个对象换成了主体自身。"非对象审美"强调的是人审美地（自在自为地）去存在，去显现——当然，这种审美地存在可以被人自身感受到，这时候得到的审美经验依然是有对象的审美。比如说一个举止优雅、行为自如的人，他能通过自己的行为举止得到一种美的享受，但他并不需要反观自己的这些行为举止（当然他

第九章　审美经验的理想——非对象审美

也可以反观，这是另一回事）。这在体育运动①中最典型，我们可以勉强把体育运动当作这种"非对象审美"的例子来理解。一个足球踢得很好的人，他在自己踢球的过程中感到一种优美，他优美地存在着；这和他后来看录像，看到自己很优美地奔跑、射门，所获得的美感，有本质区别。前者就是"非对象审美"，而后者则是"有对象审美"。

与黑格尔、谢林所代表的美学主张相对，鲍姆加登、康德、叔本华以至于杜威、杜夫海纳，都把美学、审美的核心放在判断、经验上，而不是对象上，"审美"不是对象的某种内在品质，而是经验自身的品质。所以，正如杜夫海纳所指出来的，这样一种对于审美的界定，所导致的积极后果就是：审美对象从艺术的王国中超脱出来，不受其局限，一切事物就其可以因其审美经验而言，都可以成为审美对象。不再是审美经验依赖审美对象，而是审美对象依赖审美经验。这已经有"非对象审美"的味道了。

关于不依赖任何对象的最高境界的乐趣，《在宥篇》中，《庄子》拈出了"乐""恬""苦""愉"四个概念：

　　昔尧之治天下也，使天下欣欣焉人乐其性，是不恬也；桀之治天下也，使天下瘁瘁焉人苦其性，是不愉也。夫不

---

①关于"体育美学"，请参考 David Best. *The Aesthetic in Sport*，BritishJournal of Aesthetics. 1974，14：197 － 213. 和 Louis Arnaud Reid. *Sport*，*the Aesthetic and Art*. *British Journal of Educational Studies*. 1970，10；245－258 以及 S. K. Wertz. *Toward a Sports Aesthetic* (*Readings in the Aesthetics of Sport by H. T. A. Whiting*；*D. V. Masterson*)，*Journal of Aesthetic Education*，1997，11(4)；103 －111.

175

恬不愉,非德也。非德也而可长久者,天下无之。①

而区分这四者的依据,是"性"。对于人性的损坏、压抑,使人感到"苦""不愉",这种破坏人性完整的做法不能长久,这个很好理解。值得注意的是,《庄子》指出:过分强调这个"性",溢出人的本性需要,就是《庄子》所谓的"淫其性",也是这里所谓的"乐其性",这也是对"性"的破坏,不可以长久。可见"乐"在这个意义上是被《庄子》所否定了的。而与此相对的是"恬"。恬,本是安静的意思②,当人的本性完整、自足、恰到好处的时候,人并不感到多么快乐,而是安静。

这就提醒我们思考一个问题:审美体验中所达到的最高心理境界,是否是常说的"审美快感"? 人们在欣赏拉斐尔的画、巴赫的音乐、阿尔卑斯山的风光时,感到的往往并不是所谓的"快乐",更多时候,我们看到观赏者脸上流露沉静甚至严肃的神情。当一段体验的意义只在于自身的时候,也就是说,当人在这样一个具体的时空中,感到了人性的自足、完美,他的情绪不是激动,而是高度宁静。因为此时此地,他既不缺乏,也不多余什么。

我们也可以由此推论:那些令人喜悦、激动的作品和体验,并不是审美欣赏的最高境界。意识到人本性的全足、自在,达到身心的不多不少的平静、充盈,这才是审美欣赏的最高境界。这个与全足、自在的"性"相匹配的生命状态,《庄子》把它叫作"德"。

①庄子集释.第二册.1961:364.
②同上书,第365页。

第四节　如何才能"非对象审美"——审美之"游"

一、何谓"游"——"游"是合乎理性的感性经验,是"审美地存
　　在"

　　《逍遥游篇》的结尾虽然没有出现"游"字,却是对"游"的最
好描述:

　　　　今子有大树,患其无用,何不树之于无何有之乡,广莫
　　之野,彷徨乎无为其侧,逍遥乎寝卧其下。不夭斤斧,物无
　　害者,无所可用,安所困苦哉!①

　　"大树"这里是惠子用来讽刺《庄子》思想的比喻,因为前面
"惠子谓《庄子》曰:'吾有大树,人谓之樗……今子之言,大而无
用,众所同去也'"。这个"大而无用"的"樗"就是指的"子之
言"。而上面一段话则是《庄子》的反驳。这个反驳可称得上是
《庄子》对自己整个思想价值的一个澄清。
　　《庄子》谈"方生方死""因是因非""处于材与不材之间""曳
尾于涂中""乘云气,御飞龙,游于六合之外",齐万物,同生死,

――――――――
①庄子集释.第一册.1961:40.

轻权贵，泯得失，这些到底有什么意义？如果我们相信《庄子》的话，最后能得到什么？

但是，按《庄子》的逻辑，是不能这么问的。既然"此亦一是非，彼亦一是非"，《庄子》不至于把自己也对号入座进去，宣称自己揭示了某种绝对真理。但《庄子》又不得不面对上面这样的质问。它该如何回答？

《庄子》否认对世界有客观公正的认识，从"我与若辩……"①这一段可以看出。所以，《庄子》不会从更合理地认识世界这个角度来论证自己思想的价值。

"故有儒墨之是非，以是其所非而非其所是"——"儒墨"是当时伦理思想的两大派别，《庄子》把他们的偏执都否定了，则《庄子》也不会从伦理上论证自己思想的优越性。

也就是说，人类认识为自身找到的两套价值评判标准，一个是认识方面的"对""错"，另一个是伦理方面的"好""坏"，都被《庄子》凌越了。它根本不承认这两套标准的合法性。落在某个知识标准中的东西都是有限、渺小而偏执的，是"有待"，"天下莫大于秋毫之末而泰山为小，莫寿于殇子而彭祖为夭"（《齐物论篇》）。

所以《庄子》不以逻辑、认知的方式去论证它思想的价值，而是强调它所实现的一种存在状态。什么是美好生活，这是人

---

①"既使我与若辩矣，若胜我，我不若胜，若果是也，我果非也邪？我胜若，若不吾胜，我果是也，而果非也邪？其或是也，其或非也邪？其俱是也，其俱非也邪？我与若不能相知也，则人固受其黮闇。吾谁使正？使同乎若者正之？既与若同矣，恶能正！使同乎我者正之？既同乎我矣，恶能正！使异乎我与若者正之？既异乎我与若矣，恶能正！使同乎我与若者正之？既同乎我与若矣，恶能正！然则我与若与人俱不能相知也，而待彼也邪？"（《齐物论篇》）

云亦云的事情;但生活需要美好,这个问题却是无可争议的。拥有《庄子》思想(今子有大树),唯一可做的是实现一种美好生活,"彷徨乎无为其侧,逍遥乎寝卧其下"(成玄英说:"彷徨,纵任之名;逍遥,自得之称")①,这种存在样态什么都不是,什么也充当不了,它就是它本身,无伤、无困苦地存在并且体验着。

我们有理由认为,这种认识、伦理都涵盖不了的存在方式,超越了逻辑与目的的一种志得意满的生活,可以放入审美的名下。一种自在的生存,当它仅仅因为意识到自己的自在而感到满意、愉悦的时候,这种生存状态,就可以称作审美的状态。这样说,即使逻辑严密如鲍姆加登和康德都是不大会反对的。西方哲学中在认知、伦理之外筛选出来的所谓体验、感性的领域,在《庄子》那里反而是最高境地。按说,《庄子》可以给康德本人来一个哥白尼革命,康德把一切问题归于人的问题,《庄子》则把一切理性的问题提升到感性体验、审美地存在的问题。②

《天运篇》中有一段话,也能帮我们更全面地理解"游"作为审美生存的本质:

> 古之至人,假道于仁,托宿于义,以游逍遥之虚,食于苟简之田,立于不贷之圃。逍遥,无为也;苟简,易养也;不

---

① 庄子集释. 第一册. 1961:41.

② "人类的理性发展遏制了那种由人在整个世界中丧失立身之地而产生的本能的恐惧,只有它们对世界的深刻直觉组织了这种理性发展的东方文明民族,才依然能意识到一切生命现象的那种神秘的混沌,而且,对世界一切外表的思维把握都难以向这些东方文明民族掩盖上述那种生命现象之神秘的混沌,这些东方文明民族在世界现象中所看到的始终是犹如幻想的那种朦胧光彩。东方文明民族对空间的心理恐惧,他们对所有存在物之相对性的直觉,就像在原始民族那里一样,并不是先于认识的,而是超认识的。"(W. 沃林格. 抽象与移情. 王才勇,译. 沈阳:辽宁人民出版社,1987:17.)

贷,无出也。古者谓是采真之游。[1]

"游"的根据,是放弃利用语言对世界进行分析、界定,不执着于道德和认识上的结论,但也不执着于否定,只是"假道于仁,托宿于义"。

"游"的处所,是游"逍遥之虚",而"逍遥,无为也"。因此,"游"就是无所用世,也不为世用,是空虚无为的自由。

"逍遥"是"游"的内容、特点,而"逍遥"的同义语是"苟简""不贷",不粘连,不占有也不失去,不多也不少。

这样一种"游"的本质,是本性的保全,是人作为目的的实现,故称之为"采真之游"。

"游"虽然不必然是审美的境界,但的确合乎审美经验。当一种经验作为经验本身而存在,成为目的,无所作为的时候,这种经验就具有审美属性了。

二、如何"游"

1. 游者鞅掌

《在宥篇》中,云将遇到鸿蒙,问他治理天下的事情,云将不答,只是说了一个"游"字。后来再碰上,鸿蒙就这样解释了"游":

---

[1]庄子集释.第二册.1961:519.

鸿蒙曰："浮游，不知所求；猖狂，不知所往；游者鞅掌，以观无妄。朕又何知！"

"游"作为一种生存状态，有这样三种特点：一、"不知所求"，可谓无利害得失的意识；二、"不知所往"，可谓无目的的意识，也可以说，对于生存没有一种空间意识，以及用空间意识来理解的时间意识；三、"游者鞅掌，以观无妄"，首先是一种无边界的、博大的境界，以这样一种无拘束、无界限的态度来观照、直观这个世界，世界就向意识真实地显现。

值得注意，"不知"和"观"的对立。"不知"表示弃绝对世界的分析性认识；"观"表示在这个前提下，对世界进行一个总体性直观、观审。

自由总是和知识、目的、利害相对立的，它又是对"无妄"的"观"照，因此这个自由就总是审美的。

2.得至美而游乎至乐

孔子曰："请问游是。"老聃曰："夫得是，至美至乐也，得至美而游乎至乐，谓之至人。"孔子曰："愿闻其方。"曰："草食之兽不疾易薮；水生之虫不疾易水。行小变而不失其大常也，喜怒哀乐不入于胸次。夫天下也者，万物之所一也。得其所一而同焉，则四支百体将为尘垢，而死生终始将为昼夜而莫之能滑，而况得丧祸福之所介乎！弃隶者若弃泥涂，知身贵于隶也，贵在于我而不失于变。且万化

从美、艺术走向人
——《庄子》美学可能性的研究

而未始有极也，夫孰足以患心！已为道者解乎此。"孔子曰："夫子德配天地，而犹假至言以修心，古之君子，孰能脱焉？"(《田子方》)①

"游"就是得"至美至乐"，更进一步分析，"至美"和"至乐"是相互诠释的，"至美"是内质、生命状态，"至乐"是表征、情感状态，所以说"得至美而游乎至乐"。或者说，"游"的前提是得到"至美"，而表现的是"至乐"。总之，"至美至乐"展现了一种自由自在的行为所带来的审美人生状态。

但是，这里的"美"字，其意义有别于审美意义上所谓的"美"。它不是一种外在形式及其摹状，而是与此相对的内在本质。我们可以把它修正为"所以美"。而"乐"反倒更表达了审美意义上那种非功利的情感愉悦性。

《庄子》这里的"游"之"至乐"，有别于日常所谓的"快乐"。这个"乐"字和下文"喜怒哀乐不入于胸次"中的"乐"恰恰对立。

实现这个"至乐"，其首要条件是要合乎本性地行动。要像食草的野兽在树林里，水中的虫鱼在江河中一样，"行小变而不失其大常"，不要离弃自己的本性以及本性所赖以保全的环境，做到内外的协调、合拍。这是实现审美人生的基本条件。

其次，要不受日常的得失成败的影响，"喜怒哀乐不入于胸次"。日常的快乐之"乐"，总是和悲哀之"哀"相伴而行，是利害得失的心理效果而已。《庄子》的意思，由自由的生存所带来的

———————————————
①庄子集释.第三册.1961:714—716.

182

"乐",是超越了利害得失及其喜怒哀乐之后,所达到的一种"忘适之适"的内外合一、身心合一的心理状态。

最后,要实现对利害得失的超越,首先要把万物都看成自然的产物,在"自然"("天")这一点上,没有"四支百体""死生终始"的区别,就更没有"得丧祸福"的区别。其次,要分清楚本体和附属物:对于人来说,只有身体是本体,是人可以携带和把握的实在,其余的一切得失祸福都只是附属品,"隶"而已。"贵在于我而不失于变",则可以应对千变万化的命运。

3."故""性""命"——"游"的三个基本条件

在《达生篇》中,《庄子》通过吕梁丈夫蹈水,阐释了"故""性""命"三种"游"——也就是"非对象审美"——的前提。

孔子观于吕梁,县水三十仞,流沫四十里,鼋鼍鱼鳖之所不能游也。见一丈夫游之,以为有苦而欲死也。使弟子并流而拯之。数百步而出,被发行歌而游于塘下。

孔子从而问焉,曰:"吾以子为鬼,察子则人也。请问:蹈水有道乎?"

曰:"亡,吾无道。吾始乎故,长乎性,成乎命。与齐俱入,与汩偕出,从水之道而不为私焉。此吾所以蹈之也。"

孔子曰:"何谓始乎故,长乎性,成乎命?"

曰:"吾生于陵而安于陵,故也;长于水而安于水,性也;不知吾所以然而然,命也。"①

第一,"数百步而出"之后,孔子所看到吕梁丈夫的情景是"被发行歌而游于塘下"。"被发"是肆意猖狂,自由的姿态;而"行歌"则显然是艺术化、审美的姿态;"游"是我们在《庄子》中常见的用来摹状那种自由存在所呈现出来的感性样态,是审美化的生存。不能忽略"塘下":吕梁丈夫与"县水"相互融合,又"游于塘下",这是人与自然的一种非功利、自由自在的审美关系。这和"知之濠上"是很接近的意思。

这个情景很容易让我们想起《论语》里孔子所描述的"浴乎沂,风乎舞雩,咏而归"的清新自由,载歌载舞的生活状态。不同的是,《庄子》这里没有停留在这种状态的描述上,而是向下探讨了这种审美状态得以实现的缘由。

第二,这个缘由总起来说是"吾无道","从水之道而不为私";分开来说是"始乎故,长乎性,成乎命"。

这个"吾无道"和美学史上的"审美态度"理论恰恰相反。审美态度理论主张在审美时,人有一种比较确定、普遍的审美态度,对象在这种态度之下呈现出审美样态。也就是说,在审美态度中,是对象来服从人的主观状态。而在《庄子》这里,恰恰是人去顺应对象的存在样态,"从水之道而不为私",恰恰是不带任何主观态度。在这种情况下,可以推论,任何事物都可以成就审美经验,并不需要对象具备某些唤起审美态度的特殊

---

①庄子集释.第三册.1961:656-658.

功能。若任何事物都可以被协调为审美经验的对象，那么也就可以说这是一种不依赖对象的审美经验。

"吾无道"暗示出另一个适用于描述审美状态的意思：并不是说吕梁丈夫蹈水没有可以被总结的"道"，而只是没有可以预先规定、安排的逻辑，没有逻辑语言的规定性，有的只是"故""性""命"。

首先，"故"的意思是天性，"生于陵而安于陵"，要顺应自己的天性，这是实现审美生存的第一义。其次，要顺应后天的环境，"长于水而安于水"，取得人和自然环境之间和平而协调的关系。最后，人的行为要合乎自然，要遵从直觉，保持感性的敏锐力，不能以逻辑思维、语言来干扰人与环境的直接、感性的接触，此所谓"不知吾所以然而然"的"命"。

做到了这三点，就能实现自由自在的生存，这种生存显现在人的观照中，就是一种审美的状态，因为它非功利、非逻辑。

结　论

　　《庄子》美学，它之所以是美学，从根本上来说，是它在人的生存可能性中发现了一种非区分、非言说、非功利、自成目的的经验方式和价值取向，"无听之以耳而听之以心，无听之以心而听之以气"，"不以目视而以神遇"，"堕肢体，黜聪明，离形去智"，"自得其得"，"自适其适"，这既区别于人依赖符号、概念、逻辑进行的认知经验，又区别于人依赖于判断、目的和行动的道德经验，而合乎美学以之为对象的审美经验。因此，在这个意义上，《庄子》是有着美学思想的，因为它探讨了当今我们在学科意义上属于美学研究对象的某种人类经验。

　　这是《庄子》美学之所以称为美学的基本内核，没有这个内核我们无以名之为"美学"。但由这个内核出发，我们却打开了一个与众不同的《庄子》美学世界：它建立了一种反对日常之所谓"美"的美的标准；一种反世俗艺术的艺术风尚；一种不依赖特定对象的自足的审美经验形态。

　　反对日常之所谓"美"，是因为日常的美丑区分是纯主观的、个人的，缺乏普遍有效性，"美者自美，吾不知其美"，"毛嫱丽姬，人之所美，鸟见之而高飞，鱼见之而深入"。《庄子》认为有一种超乎不稳定的美丑之上的"天地之大美"，这种"大美"是普遍有效的，它之所以仍然是审美的范畴，是因为它"不言"，却又可以"观"；不能"判"，不能"析"，也不能"察"，但却能"备"。

《庄子》反对世俗艺术，因为"五色""五声"都破坏人的天性，"文灭质，博溺心，然后民始惑乱，无以反其性情而复其初"；反对强调技术、功用而忽视人性，"有机械者必有机事，有机事者必有机心"。它不光是否定，进而也指明了一种新的艺术可能性和风尚，即"臣所好者道也，近乎技矣"的境界，以及"解衣盘礴裸""乃真画师"的风尚。这使得一种反艺术的艺术，实际上恰恰是严格审美意义上的自由、独立的艺术成为可能。

经验总是对某个对象的经验，特定类型的经验往往与特定对象绑定在一起，但是经验也可以是人的某些能力之间的自由游戏，可以是人的经验能力所达到一定境界之后，在任何对象上都可以得到激发的经验形态。这就是"外天下""外物""外生"之后依然有可能得到的"朝彻"与"见独"。也可以说，这种经验不再是日常意义上由对象所带来的经验模式，而是人的经验能力本身的焕发，是人的生命存在本身在意识中的感性显现。这种经验不需要与对象发生实质性的关联，不需要采取行动，正如我们在听音乐、看画的时候所获得的经验一样，静止不动，我们从自己生命内部听见了一种音乐，音乐和音乐的听重合在一起，"无听之以耳而听之以心，无听之以心而听之以气"。

那么，本书所隐藏的真正结论，应该是：《庄子》的美学思想所启发我们最深的，是由对自然、艺术的审美经验进入对人本身存在方式的审美经验。更准确地说，是以审美的方式去生存，也就是以一种非功利、非追问、自成目的、现在、现成的方式去生存。这样，也许能无言地消解我们对于意义、永恒的追问，因为在审美经验中，我们正以有意义、永恒的方式存在着。

主要参考文献

一 基本文献

(一)《庄子》注疏

1. 南华真经注疏. 郭象,注,成玄英,疏. 北京:中华书局,1998.

2. 陆德明. 经典释文:庄子音义. 北京:中华书局,1983.

3. 郭庆藩. 庄子集释. 北京:中华书局,1961.

4. 刘文典. 庄子补正. 昆明:云南人民出版社,1980.

5. 王先谦. 庄子集解. 北京:中华书局,1987.

6. 王叔岷. 庄子校诠. 台北:台湾"中央研究院"历史语言研究所,1994.

7. 林希逸. 南华真经口义. 昆明:云南人民出版社,2002.

8. 胡朴安. 庄子章义//藏外道书:第三册. 成都:巴蜀书社,1994.

9. 宣颖. 南华真经解//藏外道书:第二十二册. 成都:巴蜀书社,1994.

10. 王雱. 南华真经新传//道藏. 上海:上海书店,1996.

11. 焦竑. 庄子翼//道藏. 第三十六册. 上海:上海书店,1996.

12. 陆西星. 庄子南华真经副墨//道藏精华:第十二集之一上. 台北:台湾自由出版社,1998.

13. 司马彪. 庄子注//无求备斋庄子集成初编. 第一册. 严灵峰,编. 台北:台湾艺文印书馆,1972.

14. 藏云山房主人. 南华大义解悬参注//无求备斋庄子集成初编. 第十五册. 严灵峰,编. 台北:台湾艺文印书馆,1972.

15. 方以智. 药地炮庄. 无求备斋庄子集成初编. 第十五册. 严灵峰,编. 台北:台湾艺文印书馆,1972.

16. 胡文英. 庄子独见//无求备斋庄子集成初编. 第二十一册. 严灵峰,编. 台北:台湾艺文印书馆,1972.

17. 王夫之. 老子衍　庄子通. 北京:中华书局,1962.

18. 王夫之. 庄子解. 北京:中华书局,1964.

19. 憨山德清. 庄子内篇注//乾隆大藏经:第一五六册.

20. 钟泰. 庄子发微. 上海:上海古籍出版社,2002.

21. 陈景元. 庄子注. 蒙文通文集:第六册. 成都:巴蜀书社,2001.

22. 钱澄之. 庄屈合诂. 合肥:黄山书社,1998.

23. 傅山. 庄子翼批注. 傅山全书:第二册. 太原:山西人民出版社,1991.

24. 钱穆. 庄子纂笺. 台北:台湾三民书局,1981.

25. 刘师培. 庄子斠补. 刘申叔遗书. 南京:江苏古籍出版

社,1997.

26.胡怀琛.庄子集解补正.朴学斋丛书:第一辑 1940
－1943.

27.刘武.庄子集解内篇补正.北京:中华书局,1987.

28.崔大华.庄子歧解.郑州:中州古籍出版社,1988.

29.陈鼓应.庄子今注今译.北京:中华书局,1983.

30.曹础基.庄子浅注.北京:中华书局,2000.

31.叶玉麟.白话译解庄子.天津:天津古籍书店,1987.

32.杨柳桥.庄子译注.上海:上海古籍出版社,2007.

(二)《庄子》研究

1.章太炎.庄子解故.章太炎全集:第六册.上海:上海人民
出版社,1986.

2.严复.《庄子》评语.严复集:第四册.北京:中华书
局,1986.

3.庄子序跋论评辑要.谢祥皓,李思乐,辑校.武汉:湖北教
育出版社,2001.

4.叶国庆.庄子研究.上海:上海商务印书馆,1936.

5.蒋锡昌.庄子哲学.上海:上海商务印书馆,1937.

6.钱穆.庄老通辨.北京:三联书店,2005.

7.郎擎霄.庄子学案.天津:天津古籍书店,1990.

8.闻一多.庄子编//闻一多全集:第六卷.武汉:湖北人民
出版社,1994.

9. 闻一多. 周易与庄子研究. 成都:巴蜀书社,2003.

10. 朱谦之. 庄子哲学//朱谦之文集:第三册. 福州:福建教育出版社,2002.

11. 牟宗三.《庄子·齐物论》讲演录//鹅湖月刊. 2002－01～2003－02:319－332.

12. 张恒寿. 庄子新探. 武汉:湖北人民出版社,1983.

13. 陈鼓应. 老庄新论. 上海:上海古籍出版社,1992.

14. 王孝鱼. 庄子内篇新解庄子通疏证. 长沙:岳麓书社,1983.

15. 张松如,等. 老庄论集. 济南:齐鲁书社,1987.

16. 哲学研究编辑部. 庄子哲学讨论集. 北京:中华书局,1962.

17. 崔大华. 庄学研究:北京:人民出版社,1992.

18. 刘笑敢. 庄子哲学及其演变. 北京:中国社会科学出版社,1988.

19. 王博. 庄子哲学. 北京:北京大学出版社,2004.

20. 韩林合. 虚己以游世——《庄子》哲学研究. 北京:北京大学出版社,2006.

21. 陈少明.《齐物论》及其影响. 北京:北京大学出版社,2004.

22. 徐克谦. 庄子哲学新探——道·言·自由与美. 北京:中华书局,2005.

23. 熊铁基,刘固盛,刘韶军. 中国庄学史. 长沙:湖南人民出版社,2003.

24. 李宝红,康庆.二十世纪中国庄学.长沙:湖南人民出版社,2006.

25. 方勇.庄子学史.北京:人民出版社,2008.

26. 张涅.庄子解读——流变开放的思想形式.济南:齐鲁书社,2003.

27. 王树人,李明珠.感悟庄子——"象思维"视野下的《庄子》.南京:江苏人民出版社,2006.

28. 颜世安.庄子评传.南京:南京大学出版社,1999.

29. 胡道静,主编.十家论庄.上海:上海人民出版社,2004.

30. 王葆玹.老庄学新探.上海:上海文化出版社,2002.

31. 张松辉.庄子疑义考辨.北京:中华书局,2007.

32.《复旦学报》编辑部,编.庄子研究.北京:复旦大学出版社,1986.

33.《哲学研究》编辑部,编.庄子哲学讨论集.北京:中华书局,1962.

34. 方勇,陆永品.庄子诠评.成都:巴蜀书社,1998.

35. 陆永品.老庄研究.郑州:中州古籍出版社,1984.

36. 陆永品.庄子通释.郑州:中国社会科学出版社,2006.

37. 陈鼓应.庄子浅说.北京:三联书店,1998.

38. 沈善增.还吾庄子.上海:学林出版社,2001.

39. 朱任飞.《庄子》神话的破译与解析.长春:东北师范大学出版社,1999.

40. 止庵.樗下读庄——关于庄子哲学体系的文本研究.北京:东方出版社,1999.

41. 关锋. 庄子内篇译解和批判. 北京：中华书局，1961.

42. 杨国荣. 庄子的思想世界. 北京：北京大学出版社，2006.

43. 张卜麻. 庄子内篇精义. 北京大学图书馆藏赠书，1994. 编号：B223.52/20.

44. 董治安. 汉赋中所见《老》《庄》史料述略. 道家文化研究：第四辑. 上海：上海古籍出版社，1994.

45. 陈红映. 庄子思想的现代价值. 上海：人民文学出版社，2009.

46. 冯友兰. 英译庄子. 上海：上海商务印书馆，1933.

47. 汪榕培. 英译庄子. 长沙：湖南人民出版社，1999.

48. 徐来. 英译《庄子》研究. 宋刚，译. 上海：复旦大学出版社，2008.

49. 毕来德[瑞士]. 庄子四讲. 北京：中华书局，2009.

50. 爱莲心[美]. 向心灵转化的庄子——内篇分析. 周炽成，译. 南京：江苏人民出版社，2004.

51. Victor H. *Mair*：*Wandering on the way*. New York：Bantam Books，1994.

52. Eske Mollgaard. *An introduction to Daoist thought*：*action，language and ethics in Zhuangzi*. London and New York：Routledge，2007.

二、美学文献

(一)基本美学文献(外文及中译)

1. Immanuel Kant. *Kritik der Urteilskraft*, *aus Immanuel Kants Werke*. in Gemeinschaft mit Hermann Cohen. [et al.]; herausgegeben von Ernst Cassirer. Berlin, 1912—1923. 中译本:康德[德]. 判断力批判. 邓晓芒, 译. 北京:人民出版社,2002.

2. Immanuel Kant. *Kritik der Urteilskraft/Herausgegeben von Otfried Höffe*. Berlin:Akademie Verlag, 2008.(无中译本)

3. Alexander Gottlieb Baumgarten. *Asthetik*; *uebersetzt*, *mit einer Einfuehrung*, *Anmerkungen und Registern herausgegeben von Dagmar Mirbach*. Hamburg:F. Meiner Verlag, 2007. 中译本:鲍姆嘉滕[德]. 美学. 王旭晓,译. 北京:文化艺术出版社,1987.

4. Georg Wilhelm Friedrich Hegel. *Vorlesungen über die aesthetik*; *mit einem vorwort von Heinrich Gustav Hotho*. Stuttgart:Fr. Frommann, 1927. 中译本:黑格

主要参考文献

尔［德］.美学.朱光潜,译.北京:商务印书馆,2009.

5. Friedrich Wilhelm Joseph von Schelling：*Philosophie der kunst*，*aus Schellings Werke* ：*Auswahl in drei Banden / Mit drei Portrats Schellings und einem Geleitwort von Arthur Drews*；*herausgegeben und eingeleitet von Otto Weiss*. Leipzig ：Fritz Eckardt Verlag，1907.中译本:弗・威・约・封・谢林［德］.艺术哲学.魏庆征,译.北京:中国社会出版社,1996.

6. Nelson Goodman. *Language of art* ：*an approach to a theory of symbols*，2nd ed. Indianapolis ：Hackett，1981.中译本:尼尔森・古德曼［美］.艺术语言.褚朔维,译.北京:光明日报出版社,1990.

7. Mikel Dufrenne. *The phenomenology of aesthetic experience* ［*Phenomenologie de l'experience esthetique. English*］. Translated by Edward S. Casey ［and others］ Evanston ［Ill. ］. Northwestern University Press，1973. 中译本:米・杜夫海纳［法］.审美经验现象学.韩树站,译.北京:文化艺术出版社,1996.

8. John Dewey. *Art as experience*. New York；London ：Minton，Balch & Company；G. Allen & Unwin Ltd. ，［c1934］中译本:杜威［美］.艺术即经验.高建平,译.北京:商务印书馆,2005.

9. Benedetto Croce. *The aesthetic as the science of expression and of the linguistic in general*. translated by

195

Colin Lyas. Translation of pt. 1 of: Estetica come scienza dell'espressione e linguistica generale. Cambridge : Cambridge University Press, 1992. 中译本:克罗齐 [意]. 美学原理. 朱光潜,译. 上海:上海人民出版社,2007.

10. 缪灵珠美学译文集. 章安祺,编. 北京:中国人民大学出版社,1998.

11. 美学译文. 中国社会科学院哲学研究所美学研究室,编. 北京:中国社会科学出版社,1980－1984.

(二)《庄子》美学专著

1. 刘绍瑾. 庄子与中国美学. 广州:广东高等教育出版社,1989.

2. 陶东风. 从超迈到随俗——庄子与中国美学. 北京:首都师范大学出版社,1995.

3. 张利群. 庄子美学. 桂林:广西师范大学出版社,1992.

4. 朱荣智. 庄子的美学与文学. 台北:明文书局,1992.

5. 王建疆. 澹然无极——老庄人生境界的审美生成. 北京:人民出版社,2006.

6. 时晓丽. 庄子审美生存思想研究. 北京:商务印书馆,2006.

7. 包兆会. 庄子生存论美学研究. 南京:南京大学出版社,2004.

8. 王凯. 逍遥游：庄子美学的现代阐释. 武汉：武汉大学出版社,2003.

9. 李青春. 道家美学与魏晋文化. 北京：中国电影出版社,2008.

10. 杜觉民. 隐逸与超越：论逸品意识与庄子美学（博士论文）. 王宏建,指导. 北京：中央美术学院,2007.

11. 李建盛. 在诗与哲学的途中：庄子美学思想的现代阐释（博士论文）. 童庆炳,指导,北京师范大学,1996.

12. 慕志勃. 从人生修养论庄子的文艺美学（硕士论文）. 北京大学,2004.

13. 赵丽萍《庄子》自然审美观阐微（硕士论文）. 北京：北京大学,2002.

（三）论及《庄子》的中国美学专著

1. 宗白华. 美学散步. 上海：上海人民出版社,1981.

2. 徐复观. 中国艺术精神. 上海：华东师范大学出版社,2001.

3. 叶朗. 中国美学史大纲. 上海：上海文艺出版社,1985.

4. 朱良志. 中国美学十五讲. 北京：北京大学出版社,2006.

5. 朱良志. 真水无香. 北京：北京大学出版社,2009.

6. 彭锋. 美学的意蕴. 北京：人民大学出版社,2000.

7. 章启群. 论魏晋自然观——中国艺术自觉的哲学考察. 北京：北京大学出版社,2000.

8. 汉宝德,等,编著.中国美学论集.北京:北京:宝文堂书店,1989.

9. 张少康.古典文艺美学论稿.北京:中国社会科学出版社,1988.

10. 彭修银.墨戏与逍遥——中国文人画美学传统.北京:文津出版社,1995.

11. 郑钦镛,等.中国美学史话.石家庄:河北人民出版社,1987.

12. 皮朝纲.中国古代文艺美学概要.成都:四川省社会科学院出版社,1986.

13. 彭会资.中国古典美学词典.桂林.广西教育出版社,1991.

14. 周波.中国美学思想阐释.天津:天津古籍出版社,1997.

15. 仪平策.中国美学文化阐释.北京:首都师范大学出版社,2003.

16. 王振复.中国美学重要文本提要.成都:四川人民出版社,2003.

17. 孔智光.中西古典美学研究.济南:山东大学出版社,2002.

18. 樊美筠.中国传统美学的现代阐释.北京:北京大学出版社,2006.

19. 王永亮.中国画与道家思想.北京:文化艺术出版社,2007.

20. 叶维廉. 道家美学与西方文化. 北京:北京大学出版社,2002.

21. 崔大华,等. 道家与中国文化精神. 郑州:河南人民出版社,2003.

附　录

"《庄子》美学"如何可能?

一

在先秦诸子中,《庄子》①一书所包含的美学资源,相比而言是最丰富的。在《庄子》里面找美学思想,似乎比较容易,而且常常满载而归。但如何找? 所找到的《庄子》思想,在什么意义上可以理解为一种美学? 这两个问题,尤其是后者,恐怕是非常关键,却又被大多数《庄子》美学研究者所忽视的问题。

众所周知,"美学"一词本是舶来之物。在《庄子》一书中,本无所谓"美学"。但是,就因为这一点而声称"《庄子》无美学"

---

①本文所针对的,都是《庄子》这一文集,而非"庄子"其人;所引《庄子》原文及各家注释所据版本,皆为[清]郭庆藩《庄子集释》(中华书局,1961 年版)。下文不再一一注明。本文为本书思想的一个雏形,附录于此以备参考。

200

也是不审慎的，正如声称"鲍姆加登之前无美学"一样莽撞。《庄子》完全是可以有美学的——只要它里面存在着某些思想，这些思想符合我们现代对"美学"的理解。所以，"《庄子》美学"的成立，只可能是演绎出来的，而非归纳出来。那就要求首先对"美学"这一概念有所确定，然后拿这个确定的概念在《庄子》中进行演绎。

如果对"美学"的定义宽泛，那么这一视野将会失去边界，所谓"《庄子》美学"将变成一个混乱的杂烩。

如果对"美学"定义严格，那么《庄子》思想将不能吻合任何一种严格的定义，最后可能会鉴定出《庄子》没有美学的结论。

所以，即使有了对"美学"的定义，而不对这个定义在《庄子》上面的演绎如何可能这一问题进行辨析，那么，"《庄子》美学"将不是陷入混乱，就是陷入虚无。可惜，拿出某种"美学"概念，不管三七二十一套用在《庄子》上面；或者，甚至连"什么是'美学'"都不过问，就列出一堆《庄子》美学，这样的现象在《庄子》美学研究中比比皆是。

如果说学术研究是要肃清问题，而不是制造混乱的话，那么，我们首先要检查对"美学"这一术语可以有什么样的定义；其次要检查，用这些定义在《庄子》上所进行的演绎，在什么意义上是可能的，在什么意义上是不可能的。

二

对"美学"的界定,常见的有这几种:

(一)美学是研究"美"的学说。这是对美学最古老的理解,但也是至今仍有生命力的理解。用这个定义去研究美学史,会有一个极其鲜明的线索。典型的例子如鲍桑葵。但这个理解既有太宽泛的嫌疑,又有太单一的嫌疑。

(二)美学是研究艺术的哲学分枝。这是最为广泛被人们接受乃至默认的对美学的理解,滥觞于黑格尔和谢林。这个理解偷偷地把对"美学"的定义替换成了对"艺术"的定义。前者依赖于后者。现代艺术的多元性使得"艺术"的定义变得极其困难,自然也就给这个意义上的美学带来了前所未有的危机。

(三)美学是研究审美经验的哲学分枝。从研究外在世界转向研究人自身的经验和认识,这个转变是康德完成的。但就对经验的重视而言,可以上溯到鲍姆加登。根据康德的启发,我们可以把人的经验分为认识经验、实践经验和审美经验。当然,康德不一定同意,因为前两者谈的恰恰是和经验相对的"理性"。如果这样的话,就意味着只有审美才可以称之为经验。但这种主张,只有到了杜威那里才明确起来。

"审美经验"的好处,就是它的内涵可以明确一点,外延则可以开放一点。把问题落脚点放在"经验"上,有更多的哲学意

味,可以为美学吸收更多思想资源,可以在"艺术"和"美"之外,为辨析《庄子》中的美学精神提供更多的可能性。任务就转移为对"审美经验"的界定上了。对于"审美经验"最突出的两个界定是:感性,非功利。

下面将集中从第三种(审美经验)角度来探讨《庄子》美学如何可能的问题。但也会对其他两种探讨途径做一个辨析。因为辨析的目的,不是为了去掉某些可能性来建立一种可能性,不是要建立一种"《庄子》美学",而只是提供一种检查,看看《庄子》里有哪些思想可以进入美学视野,这些思想,在什么意义上是和我们对美学的理解相符合的,在什么意义上是独到的、溢出的。

这种检查本身不建立《庄子》美学,但它既有利于在成熟的现代美学框架中准确地理解《庄子》;也有利于使一种只属于《庄子》自身独特的美学成为可能。

三

(一)如果美学是关于"美"的学问。简单的推理就是:如果我们在《庄子》里找出有关"美"的思想,那也就是《庄子》的美学。这种找寻"《庄子》美学"的途径是最简单明了的,也经常被人们运用。但我们需要检查一下:这种寻找有什么成就,面临什么危险?

《庄子》里有"美"字48处。不可谓不丰富！但且不说这48处各有名词、动词、形容词的区别；即便都作为名词，其所指也各有微妙区别。因此，如果笼统地拿来谈美学问题，比如说"美的主观性""美和丑的转化"，等等，就会埋下隐患。因为这里的"美"很可能不是美学意义上的美。限于篇幅不能遍举，举几个常见的例子分析一下。

1

> 天地有大美而不言，四时有明法而不议，万物有成理而不说。圣人者，原天地之美而达万物之理，是故至人无为，大圣不作，观于天地之谓也。（《知北游篇》）

这段话被人们当作《庄子》美学思想引用、研究最多，但向来没有得到澄清的是：这里所谓的"大美"是否是审美意义上的"美"。

首先，我们从文本内部来看，把"大美"和"明法"以及"成理"并列，而分别和"言""议""说"相对立；说明在这里"美"类似"法""理"，三者都达到了极致，所以不可言说议论。且《秋水篇》中有"天地之理，万物之情"的说法，更说明"美"和"理"在形容"天地"的时候是有意义上的互换和交叉的。如果这样的话，这里的"美"恰恰与美学中所常理解的那种作为一种感官显现而非理性内容的那种"美"相反。

而后面一句："原天地之美而达万物之情"，说明这个天地之"美"是可以"原"的。"原"在这里作动词，据王先谦注，"原，本也";而据《康熙字典》《易·系辞》有"原始要终"《汉书·薛宣传》:"原心定罪。[注]师古曰:原,谓寻其本也。"总之,"原"有追根溯源,推理的意思。如果天地之"美"是可以推理、追溯出来的话,那么,它就不像我们通过感官感受所体验到的"美"了。

再有,我们也可以看看各家注《庄》者对这个天地之"美"的理解。成玄英疏曰:"夫二仪覆载,其功最美。""美"是对"功"的一种描述。王先谦《集解》引宣颖的话解释"天地有大美而不言"句:"利及万物,不言所利。"是把"美"看成一种"利"。如果他们言之成理的话,那这个"美"就跟我们普遍认同的审美非功利性之"美"也是有区别的。

我们并不是要主张,对于美学意义上的"美"只能做一种狭义的理解。但一种过于无政府主义的对"美"的解释,对于美学也是灾难性的。如果要在美学的传统框架之外谈"美",也就是说,以一种不同于"美的花朵""美人"中的"美"的意义来谈"美",实未尝不可;但这要求人们首先承担一种责任,用"美"这个词来建立一种新的美学范畴。可以赋予"美"以新的规定性,然后说明"天地有大美而不言"符合这种规定性,而不宜把两个大相径庭的规定性捆绑在一起,一以名之。

2

阳子之宋,宿于逆旅。逆旅人有妾二人,其一人美,其一人恶,恶者贵而美者贱。阳子问其故,逆旅小子对曰:"其美者自美,吾不知其美也;其恶者自恶,吾不知其恶也。"阳子曰:"弟子记之!行贤而去自贤之行,安往而不爱

哉!"(《山木篇》)

各家注释没有对这里的"美"提出不同解释。而这里的"美"用来形容"妾",和《天运篇》谈西施捧心的那种"美"是一个用法,都是用来形容女子容貌的漂亮。因此这里的"美",所指基本符合我们通常意义上对"美"的理解,即事物通过感性形式而带给我们愉悦,因而将其判断为"美"。

值得注意的是,这里"美""恶"并举①,和"贵""贱"这个对子相异,指出:"美"不一定贵,而"恶"不一定贱。众所周知,在《老子》第二章就有"天下皆知美之为美,斯恶矣;皆知善之为善,斯不善矣"。"美""恶"成对,而与"善""不善"相异。而王弼的解释也可为参考,他说:"美者,人心之所进乐也;恶者,人心之所恶疾也。"②也是同意把内心是否产生愉悦的效果当成美恶的标准。所以,可以肯定,"美""恶"是一对区别于道德判断的判断标准,可以与道德判断一致,也可以与之不一致。而明显,这一对判断也不是认知,《老子》说"信言不美,美言不信"。所以,"美""恶"在这里比较明显的是一对审美判断。

但这个故事的旨趣,并非是要建立"美"的标准。首先,它说:"恶者贵而美者贱",将"美"和"贵"的标准截然分开。对于同一个对象,在审美上进行肯定判断,同时可以在道德上进行否定判断。在后面,意思又更进一步,说"其美者自美,吾不知

---

①《庄子》中"美""恶"成对出现的地方有几处:如《知北游篇》有"其所美者为神奇,其所恶者为腐臭",《盗跖》第二十九有"贵贱之分,在行之美恶"。
②王弼.王弼集校释.楼宇烈,校释.北京:中华书局,1980:6.

其美也;其恶者自恶,吾不知其恶也",就不仅仅是两个并立的标准问题,而是主张:道德判断会影响审美判断,甚至颠覆审美判断。

所以,这个故事最后总结"行贤而去自贤之行,安往而不爱哉"! 在审美之"美"和道德之"贵"上面提出了第三个概念:"爱";或者说,把一个人以道德为保障所博得的愉悦之情,称之为"爱"。

当然,纵观《庄子》,他对于"爱"是反对的,《齐物论篇》就有"道之所以亏,爱之所之成"。而且,《庄子》本意也应该是"不尚贤",《徐无鬼篇》说:"夫尧,知贤人之利天下也,而不知其贼天下也。夫唯外乎贤者知之矣。"所以,《庄子》不太可能劝人做贤人以博得处处皆在的爱惜。

当然这不是我在这里要研究的问题。我的目的只是辨析清楚这里"美"的意义,以及它在文本中的位置和关系。正如上面已经谈到的:"美者自美,吾不知其美"并不是简单地谈审美的相对性,不是说如果"美者自美",她就不美了;而只是令人"不知"其美;只是说,如果"美者自美",那么她就触犯了另一个标准,在那个标准下被否定了。这种意义的多层次性,在文本中是比较清楚的。

(二)如果美学是关于艺术的理论,那么,《庄子》中有关于艺术的理论,就都可以算作美学理论。这也是学界常默认的"《庄子》美学"的来历。

但这里有个难点,因为对于"什么是艺术"这一点不搞清楚,那么对于"《庄子》的艺术理论"也无从谈起。但要命的是:

《庄子》时代恐怕还没有严格的艺术界限。所以我们只能把标准放宽，把"艺术"还原为最初的"技艺"的意思。这样，不仅《庄子》关于绘画、音乐的说法可以纳入美学视野，其他关于技艺的说法也可以。但是，同样的问题也就出现了：这些关于艺术、技艺的说法，其意旨到底是什么，对我们的美学研究有什么启发作用？

《庄子》中论及技艺的也很多，同样举例说明。

1

> 宋元君将画图，众史皆至，受揖而立，舐笔和墨，在外者半。有一史后至者，儃儃然不趋，受揖不立，因之舍。公使人视之，则解衣，般礴，裸。君曰："可矣，是真画者也！"（《田子方篇》）

这大概是最常提及的《庄子》中直接涉及艺术创作问题的故事之一。大家一般把它看作"创作自由"理论的一种。这则故事意思很明白，看上去没有什么疑难。众史"受揖而立，舐笔和墨，在外者半"，为权势所压迫和引诱；而后至者"儃儃然不趋，受揖不立"并且"解衣，般礴，裸"——毫无疑问，他没有被权势困惑，有一种超越于世俗地位之外的自由心境。那么，按照这段话，他是一个更合格的画家，是"真画者"。

这个判断被一直当成动人的真理接受下来。当然，也许这不是一个错误。但是为什么超越权势的心境，更有利于绘画创作？至少在这段文字里面，这个问题是找不到线索的。那么，

这中间就缺乏一个逻辑环节,需要补充。

这个逻辑缺陷,可以到《庄子》一书中其他地方找答案。比如,我们也可以问,为什么"以瓦注者巧,以钩注者惮,以黄金注者惛"?《庄子》的回答是"凡外重者,内拙"。这就同时也为"解衣,般礴,裸"补充了一个逻辑环节。在《达生篇》关于"痀偻者承蜩"故事中,这个逻辑环节更明白:"虽天地之大,万物之多,而唯蜩翼之知"——这里用一种近乎夸张的手法说明:因为不怀利害计较之心,所以能专注于自己的技艺,能把自己的所有才智都灌注在这门技艺上面,熟能生巧,这样就能达到很高的境界。所以说"用志不分,乃凝于神"。这样一来,就比简单的"解衣般礴"更贴近艺术创作的机理。

《庄子》强调艺术创作的境界,重视人的精神修养对于艺术创作的影响。但《庄子》却并非枯坐谈玄、空穴来风。世人大都以为《庄子》鄙视技艺,讲求道术。其实《庄子》是很重视技艺的,"虽天地之大,万物之多,而唯蜩翼之知"这种说法是相当勇敢的,它和我们通常理解的"境界""气象"大相径庭。一个人若没有精湛的技艺,空谈道术是没有用的;而技艺精湛到一定程度,才有可能进入神妙阶段。所以,庖丁不空言"道",而是以解牛言道。"臣所好者道也,进乎技矣。"——这里用的是一个"进"字,说明只有在"技"的基础上,更进一步,才达到"道"。所以得道的庖丁,也还会"视为止,行为迟,动刀甚微",每一次"道"的实现,都要依靠精确的技艺。

在理解《庄子》对于艺术理论的这一层贡献的时候,不宜越过"技"的环节,直接大谈其"道"。人们常把"道"看得比"技"更高深、更重要,其实,在艺术实践中,"技"是一个更难逾越的障碍。所以"痀偻者"说:"我有道也。五六月,累丸二而不坠,则失者锱铢;累三而不坠,则失者十一;累五而不坠,犹掇之也。"按这个文本来理解,他的"道"其实就是极其精湛的"技"而已。

所以,一个在"解衣般礴"之外得到补充的《庄子》对于创作自由的理解应该是这样表述的:只有不为利害关系束缚,并且又技艺精湛,才能真正释放创造力,成为"真画师"。

2

> 咸池九韶之乐,张之洞庭之野,鸟闻之而飞,兽闻之而走,鱼闻之而下入,人卒闻之,相与还而观之。(《至乐篇》)

这段话也是《庄子》中不多见的直接谈起"艺术"的文字。它可以和《齐物论篇》中一段话一起拿来分析:

> 毛嫱丽姬,人之所美也,鱼见之深入,鸟见之高飞,麋鹿见之决骤,四者孰知天下之正色哉。

人们大多认为这两段话是谈"美感相对性"或"艺术欣赏的标准"问题。但这样判断是草率的,并且这样的结论也是没有什么理论价值的。它忽略了文本本身的丰富性和把握问题的精确性。

首先,上面那段话说"咸池九韶之乐","鸟闻之而飞,兽闻之而走,鱼闻之而下入",这是要强调艺术鉴赏并没有什么客观

标准,或者更准确地说,没有物理标准。所以它并不拿人和人相比,而是貌似荒唐地拿鸟兽来说明问题,其实也就是说:没有一个超乎人的文化素养之外的审美的生理标准、物理标准,没有"天下之正色"。但这并不等于《庄子》否认了艺术欣赏有主观统一性。九韶之乐,毕竟"人卒闻之,相与还而观之",而毛嫱丽姬,也是"人之所美"的。这恰恰说明在主观的界限中,艺术欣赏是有普遍性的。

这个问题可以和康德对于审美普遍性的论述相参照。他说:

> 审美判断——由于意识到其自身与所有利害关系的隔绝——诉求对每个人都有效,而且无关乎那种系于客体的普遍性,也就是说,它与一种主观的普遍性紧密相关。[1]

康德的逻辑是这样的:鉴赏判断是有普遍性的,但这种普遍性是主观的,而不依赖于客体;这种主观普遍性之所以成立,是因为鉴赏判断脱离了个人的利害,它没有理由只是属于个人的,所以它被要求对所有人都有效。

康德很强调这个普遍性的主观性,以及"要求"二字;通过"要求",康德要说明的是,这种主观普遍性既不是基于概念的普遍性,同时,也不是通过询问所有人所得到的一致意见,亦即不是经验总结的结果,而是一种合乎逻辑的期望和要求。

---

[1] *Immuanel Kant：Kritik der Urteilskraft.* in：Kants Werke. *Akademie Textausgabe.* Berlin, 1968：5, 212.

当然,《庄子》对于鉴赏的主观普遍性问题,是否涉及这样一种"要求",在当前的文本中看不出来。但可以肯定,《庄子》不是简单否定审美的标准,而只是否定了审美有某种确凿的客观标准,凸显了审美的主观性。就客观依据而言,审美是相对的;就主观条件而言,审美是一致的。

(三)如果美学是对于审美经验的研究,而《庄子》中某些思想对此研究有益,那么,这些思想就可以纳入美学视野。

但是,"美学"与"审美经验"近乎一个同义反复。所以,这个定义不像"美"和"艺术",可以靠一定的对象范围来清晰定位,它靠的是逻辑。如果我们对审美经验不能有所确定的话,那么整个研究将会失去坐标。当然,审美经验本身是具有开放性的,但首先要建立一个平台,在这个平台的基础上可以向四面八方起飞。这样表态,是要说明下面的研究不是要给审美经验一个定义,用一个框框去套《庄子》,而是用几种常用的尺度去丈量《庄子》,看看它在什么地方合乎这些尺度,什么地方溢出了这些尺度。

对于"审美经验",比较值得信赖的两种界定有:感性,非功利(自律)。合乎这两个条件的经验,可称之为"审美经验"。

1. 感性

对于作为美学研究对象之审美经验的这一层定义,是由"美学之父"鲍姆加登明确的。他说:美学是关于感性认知的学问。这种感性认知的特点:首先,它是一种认知;其次,它是一种低级认知,是"由低级官能所接受的观念";最后,它和高级

的、逻辑的认知相对，是"混乱的但是明晰的观念"，也就是说虽然缺乏清晰的逻辑，但有清晰的印象。[①]

所以，很明白，在鲍姆加登这里，所谓"感性"，也是一种认识，只不过是一种和脱离了具体感觉印象的那种抽象逻辑思维相区别的、低级的、依赖感觉印象的认识。

在《庄子》那里，也有对抽象符号思维的一个反思，但这个反思所产生的抽象符号思维的对立面是否是"感性认知"，而所谓的"感性认知"在《庄子》那里是否是审美经验，这是值得辨析的。

公孙龙子论证"白马非马"，因为"白"和"马"是两个概念，合到一起就成了一个新概念，而这个新概念区别于先前那两个概念，因此"白马非马"。但是公孙龙子只是停留在语言内部进行思辨，却缺乏对语言本身的反思。这一点被《庄子》看出来了，他认为就概念语言的约定性、构成性来论证语言的相对性；不如跳出去，看到语言本身的主观性，那么，语言所构造的世界，和自在世界之间的区别，就一目了然。因此，他说："以马喻马之非马，不若以非马喻马之非马；以指喻指之非指，不若以非指喻指之非指。"他看到了在概念语言之外认识世界的可能性。我们一般所看到的世界，是语言所构造的世界，"天地一指也，万物一马也"。语言所认识的世界，虽然有清晰的逻辑，但其实是朦胧的，"可以言论者，物之粗也；可以意致者，物之精也"。那么，在概念语言的认识之外，不但有可能存在另一种对世界的认识方式，反倒可能是更真切的。

[①] Alexander Gottlieb Baumgarten. *Ästhetik*, *Lateinisch-deutsch*, *übersetzt von Dagmar Mirbach*. Felix Meiner Verlag：Hambug，2007：10-19.

从美、艺术走向人
——《庄子》美学可能性的研究

但是这种认识是否是鲍姆加登所谓的"感性认知"？在鲍姆加登那里，很明白：这是一种"低级认识"，它指向高级认识，只是认识的一个低级阶段而已。它并不具有独立的价值。这样一种"低级认识"，《庄子》其实是反对的。《养生主篇》谈庖丁解牛，说"不以目视，而以神遇；官知止而神欲行"，就把指向认知的官能否定了，"官知止"，而强调"以神遇"。《人间世篇》也说："无听之以耳，而听之以心，无听之以心，而听之以气。"看起来很怪，《庄子》反对感官认知，却又并不以此支持概念思维，他既要"堕肢体"又要"黜聪明"，总之要"离形去智"。他不像欧洲的思想家，在感性和理性之间徘徊，他似乎把两者都否定掉了。而提出了"神"或者"气"的概念。这两个概念几乎成了中国千年艺术的核心。

在这里，《庄子》给美学找到了一个比"感性学"更理直气壮的合法性地位。把"感性"纳入"低级认识"，那么它最终的命运是被高级认识取代，这就为黑格尔用哲学来终结艺术提供了契机。而《庄子》看到了这种"感性——理性"区分本身的危险性，因为它们背后都是一个取向，都在从经验中抽象出认识，因此，这种区分最终的结果恰恰是反美学的。如果感觉、经验是达到世界真相的一种方式，那么，它应该是和概念语言平行的一种方式，而非它的低级阶段。世界如果有一个真相，那么，语言以及建基于语言的思维，只是达到这个真相的一种方式，而非全部。"言者所在意，得意而忘言。"

在这个问题上，《庄子》可以给我们的独特启示是：审美经验固然是在概念语言思维之外认识世界真相的一种方式，但这

种方式并非只有"感性认识"一种可能。

2. 非功利

"非功利"是美学中最关键的概念之一。但对于"非功利"本身的理解,各家不同。如果我们说《庄子》思想能支持审美非功利的观点,那么,就应该搞清楚:《庄子》支持的是怎样一种审美非功利的观点。不能笼统地谈"《庄子》的非功利思想"。

审美非功利思想的代表人物,有哈齐生、康德、叔本华、布洛等人,其中又以康德、叔本华为最典型。但他们对"非功利"的理解各有不同。

在康德那里,非功利主要是表述为"不关心对象的存在"[1],相应地,也就是说审美所关心的只是"主观上合乎目的的纯形式"[2]。因为不管是实用功利还是道德功利,都是指向一个外物或者一个外在的目的,要占有或改变对象的存在;而审美只停留在对象的纯形式上面,不关心也不影响对象的存在。

这个思想类似于《大宗师》"外天下""外物""外生""朝彻""见独"中的"外天下"和"外物"。但康德绝没想到,也不会想要"外生",更不用说"朝彻""见独"了。如果说《庄子》非功利,那么,它非的是一种什么样的功利?"至人无己,神人无功,圣人无名",看来《庄子》的确是对于世俗功名有一个否定,但他并没有停留在这层意义上,他说起了"无己""见独"。即使是康德意

---

[1] Immuanel Kant. *Kritik der Urteilskraft*. in: Kants Werke. *Akademie Textausgabe*. Berlin,1968:5,
209.
[2] 同上书,第 61 页。

义上非功利的审美,只关心对象的主观纯形式,也首先是要求有一个主体在场,由这个主体将那个形式判断为美。而《庄子》竟然要去掉主体,既然主体都没有了,那就谈不上"审美"了。所以,《庄子》的思想已经溢出了传统西方美学的框架,它给我们的启示:很可能,人和艺术之间,不只有一种欣赏关系,而是通过艺术,人实现一种忘我的存在方式。去"欣赏",在《庄子》的视野里,换成了"去存在"。《庄子》既不关心外物的存在,也不关心自己的存在,他只是"存在着"。

叔本华的非功利思想主要是指:在审美体验中,对象可以从时间之流中超拔出来,可以摆脱根据律的支配,也可以超脱在时空之外,是一种瞬间的永恒状态。他说:"艺术中止了时间的车轮。那些关系也消失了。只有本质性的东西,理念,是艺术的对象。"[1]为什么艺术有这种功效呢? 因为它是"由纯粹静观而把握的永恒理念"[2]。

看看《大宗师篇》里这段话:

> 吾犹守而告之,参日而后能外天下;已外天下矣,吾又守之,七日而后能外物;已外物矣,吾又守之,九日而后能外生;已外生矣,而后能朝彻;朝彻,而后能见独;见独,而后能无古今;无古今,而后能入于不死不生。

---

[1] Arthur Schopenhauer. *die Welt als Will und Vorstellung*. in: Sämtliche Werke. *hrsg. von Julius Frauenstädt*. Leipzig, 1873—1874:3, 25.

[2] 同上书,第 25 页。

《庄子》这里谈到最后出现了"不死不生",看似是一个极其神秘而荒唐的话题。其实这里《庄子》要讲的,绝不是客观意义上肉体的不死不生;而是在主观意义上,取消生死的判别。《庄子》这段话很像一个从康德到叔本华的不断超越的审美境界。先是"外天下""外物""外生",取消了世界和自我的存在,只留下主观形式;然后又去掉主观形式,"朝彻""见独",从而消除了时间感,从时间之流中超脱出来,"无古今",也就自然"不死不生"。这种"见独",这种无时空的"不死不生",真的很像叔本华那个"由纯粹观审而掌握的永恒理念"——"纯粹观审"类似"见独",而"永恒理念"类似"道"。

所以,《庄子》中有关"非功利"的思想,是既有似于康德、叔本华,如不关心对象的存在,如摆脱时间之流;也有别于康德、叔本华,如取消主体意识,如强调人在知识、判断之外存在的一种状态。而我们探讨中国艺术的特点,似乎可以从这里找到一点线索。

限于篇幅,本文都是采用列举的方式来说明问题,演绎"《庄子》美学"。可以看出,无论我们根据对象把美学定义为研究美的学说、研究艺术的学说;还是根据内在逻辑把美学定义为对于一种感性、非功利、非概念的经验进行研究的学说;当我们把它们当作工具,借以辨析《庄子》思想的时候,我们会发现《庄子》思想的独特性和可能性。只有在这种清晰识别的前提下,我们才有可能在《庄子》思想中提取出我们美学研究所需要的营养。

中国传统文学艺术中的尚简之风

在中国古代文艺论著中盛行一种观点,认为艺术是在《周易》的影响下产生的。王微《叙画》就有"以图画非止艺行,成当与易象同体"。刘勰《文心雕龙·原道》也说:"幽赞神明,易象惟先 。"许慎《说文解字·序》说:"古者包牺氏之王天下也……始作易八卦,以垂宪象……黄帝之史仓颉……初造书契 。"无论在绘画、文学还是书法方面,《周易》都是"体""先""宪象",有着思想渊源的地位。

《周易》思想在后世艺术中的体现,一个极其重要的方面就是《系辞传》所概括的"易简,而天下之理得矣"的精神。我们可以从以下两个方面分析:

从逻辑上来说,"易简"原则的达成是基于它的图式化观照方式,即"易与天地准,故能弥纶天地之道"。这个"道",是"一阴一阳"的道理,是个"形而上"者。它太抽象、太空洞,不可感知,不可捉摸,而站在它对面的是个"器",即所谓"形而下"者。它又太实在、太具体,体现不出"道"的全体性、无限性和本源

性。而立在这中间关联二者的是个"形"。"形,象也。"(《说文解字》)《系辞》有"在天成象,在地成形","形""象"并提。《老子》有"大象无形"。"形""象"基本上是一个意思,或者在《系辞》中"形"偏于"器","象"偏于"道",一个指天,一个指地。所以《系辞》又有"见乃谓之象,形乃谓之器"的说法。总之,有那么一个"形象",它是处于"道""器"之间的一个关键,使整个《周易》的反映系统的建立成为可能,也使得"易简理得"这一根本原则的确立成为可能。有了"形象",就可以"以易治难""以简御繁",也就可以"无为而无不为""一致百虑"。《周易》的形象当然并不就是艺术的"形象",但它至少启发了艺术形象的创造,即以"形象"作为一种语言来上通天道,下明人事。这也大概就是中国艺术那么强调"意在笔先"以及"境生于象外"的原因。"艺"(藝)最初本是"耕织树艺"之"艺",而《系辞》强调"观象制器"。"制器"的一个重要部分就是制作"耕织树艺"之"器"。这大概也能看出"易象"与具体艺术作品之间的渊源关系来。

从事实上来说,历史事实表明,很少有哪个领域比艺术领域更集中而突出地体现了"易简"原则。无论是音乐上强调的"大乐必易,大礼必简"(《礼记·乐记》)①,还是水墨山水画的兴盛,"运墨而独得玄门""运墨而五色具"②,还是诗歌上崇尚"行

---

①《礼记·乐记》。本文以下所引用典籍文献,若未注明版本,均出自:文渊阁《四库全书》(全文电子版).上海:上海人民出版社,迪志文化出版公司,2004.

②张彦远.历代名画记·论画体工用拓写//历代名画记译注.冈村繁,译注.上海:上海古籍出版社,2002:99.

于简易闲淡之中,而有深远无穷之味"①的简淡之美,无不闪烁着"易简理得"的智慧光芒。可以说,正是有了"易简理得"的智慧,才成就了中国艺术的最高精神,即"以小见大""以少总多""以简御繁",使其具备了无穷的意味。反过来我们也可以设想,要是去掉了"易简"原则,中国艺术将会黯然失色。

因此,从逻辑方面以及事实方面,我们都可以看出,在中国艺术的至高境界中蕴涵了"易简理得"的智慧。这一智慧造成了中国艺术中"尚简"之风的盛行。

下面集中从绘画和诗歌两个方面来考察:

一　绘画中的"尚简"之风

上面提到王微的话:"图画非止艺行,成当与易象同体。"这个"与易象同体"说得很妙。与"易象"关系最密切的当然非"图画"莫属。"易象"对图画的影响是最直接的,乃至二者有异曲同工之妙。我们可以从"易象"上明白"图画"的最高价值所在,即"立象以尽意"。这一命题也概括了绘画最高的美学追求。中国绘画不着意于再现事物具体复杂的形象,而是通过简洁洒落的笔触和画面,揭示一种内在的无穷意蕴。这就形成了一股"尚简"之风。

---

①范温.潜溪诗眼·论韵//钱钟书.管锥编.第四册.北京:中华书局,1979:1362-1363.

最突出的代表如梁楷的简笔画，"信手挥写，颇类作草书法。而神采奕奕，在笔墨之外"①；又如马远的"半边"山水，"极简淡之趣，号马半边"②，夏圭的"一角"山水，"更加简率，如塑工之所谓减塑者"③；又如"张（僧繇）吴（道子）之妙，笔才一二，象已应焉；离批点画，时见缺落。此虽笔不周而意周也"④。

图画尚"简"，可"尚简"不是目的。"尚简"是为了"易简理得"。因此，尚简不是简单、浅显，是简约超然。有可简之处，有不可简之处。笔可简，而形象要丰富；象可简而意蕴要丰满。重在一个"意"字，所谓"得意而忘象""得象而忘言"，正所谓"笔不周而意周"，"笔简形具"。明代恽向更明确地指出："简者，简于象，而非简于意。"这样才能产生"简之至者，缛之至也"的效果。清程正揆《与龚半千》也指出："画有繁简，乃论笔墨，非论境界也。"⑤

笔墨简、形象简，但意境不简。这正是"尚简"的妙用。也正是我们在马远、夏圭等人的画中所看到的。一幅"寒江独钓"，画中只有一叶扁舟，舟中一个瘦小老头，其余一片空白，却更让人生出寒冷、磊落、通透，天地悠悠、宇宙无穷的感受。设想若周围添上些洲渚堤岸、远村山峦，则顿时局促，造就不出超出尘嚣的天地境界。夏圭的"松溪泛月图"亦有此"易简理得"之妙。后来的石涛、八大山人、郑板桥等人画物也常常寥寥数

①（清）历鹗.南宋院画录补遗.载于：黄宾虹，邓实.美术丛书.第4版.增订本.第五辑：上海：神州国光社.1947：221.
②（明）唐文凤.题马远山水图//梧冈集.
③（明）董其昌.题夏待诏山水卷//式古堂书画汇考.
④（唐）张彦远.历代名画记·论顾陆张吴用笔.
⑤转引自（清）陈撰.玉几山房画外录//黄宾虹，邓实.美术丛书.第八辑.1947：65.

笔、点到为止。"敢云少少许，胜人多多许。"（郑燮《题扇面墨竹》）而在近人齐白石那里，这一点发挥到了极致。白石画图，大多只有一张白纸，中间要么一尾小虾、要么一叶荷一只蛙、一只小小知了、一只淡淡飞蛾。极其简略细微，却满纸空灵、生气充盈。——正是"易简"的画面也只有"易简"的画面，才能超然物外，表达无穷的意蕴，正所谓"笔愈简而气愈壮，景愈少而意愈长也"（《宣和画谱》卷十）。

这种"笔简形具""笔不周而意周"的效果是怎样获得的呢？我们在前面论"易简"原理时指出过，"易简理得"的一个关键是"与天地准"，"故能弥纶天地之道"。落实到绘画方面，"笔简意周"之所以成立，是因为"得之自然"（黄休复《益州名画录·目录》）。

这点张彦远在《历代名画记》中揭示得最为精到。我们把这段拈出来：

> 夫阴阳陶蒸，万象错布，玄化亡言，神工独运。草木敷荣，不待丹碌之采，云雪飘扬，不待铅粉而白。山不待空青而翠，凤不待五色而绰。是故运墨而五色具，谓之得意。意在五色，则物象乖矣。[1]

正如本文最初指出来的那样："易简理得"的命题之所以成立，其最起码的一个根据就是"阴阳"。"阴阳"至易至简，然而

---

[1]张彦远.历代名画记·论画体工用搨写//历代名画记译注.2002:99.

对待二分，可以生生不穷，造就天下万物。这是造化自然的"道"之所在。于是得出"一阴一阳之谓道"的结论。《老子》说过："道法自然。"可以说"阴阳"是"自然"之所以然的核心。没有"阴阳"，自然只是一个空，无从措足。有了"阴阳"，"自然"才落到实处。张彦远看穿了这点，所以一开始就指出："阴阳陶蒸，万象错布。"万象虽丰，归根结底无非是"阴阳"两个，极其易简。有了"阴阳"，万象就自然而生，正所谓"玄化无言，神功独运"。物象万千，其间却并没有任何繁杂的工序，"草木敷荣，不待丹碌之采；云雪飘扬，不待铅粉而白。山不待空青而翠，凤不待五色而绰"。万紫千红，无非"阴阳"两个变化出来。自然而然，没有丝毫用气力之处。如果费尽心机，试图把天下万象一一装饰出来，"吾生也有涯"，永无止境。因此，绘图要想真实再现天地万象的无穷图景，只有像造化自然一样，握"阴阳"而循"易简"，以至"天下之理"。而真正体现"阴阳"的，不可能是"丹青五彩"，只能是水墨。墨黑纸白，一阴一阳，妙合自然。方可"神功独运"，应付无穷。这就是所谓"运墨而五色具，谓之得意"。反之，"意在五色，则物象乖矣"。

这段话道出了"尚简"之风的形而上依据，也道出了水墨山水画之所以成立的形而上依据。把"易简"原则推为绘画的至上原则，也就把水墨山水画推到了画坛至尊的地位。水墨山水自身的"得之自然"，让它成了中国绘画史上的主流和最高峰。水墨之意义，不仅在于它"运墨而五色具"，更在于它"得意"，得造化无穷之意，把人们的心灵带出尘俗之外，获得形而上的领悟，感受宇宙生生不息的真意。

这样我们就能明白为什么中国绘画史上那么推崇王维的泼墨山水，并将其奉为一代宗师。而占据历代画坛的，如五代荆（浩）、关（仝）、董（源）、巨（然）；南宋的刘（松年）、李（唐）、马（远）、夏（圭）；"元四家"（黄公望、吴镇、倪云林、王蒙）；明代的"吴门四家"，以及集大成的董其昌，等等，无一例外地都以水墨山水画称名于世。

因此，我们也明白了，为什么对王维的最高评价是"诗中有画，画中有诗"。为什么画以诗意为工，诗以画意为尚。苏东坡另一首诗更巧妙地回答了这一问题。他说："诗画本一律，天工与清新。"①好一个"天工与清新"，一语道破了天机。无论画与诗，在中国人眼里，都是实现形而上追求的途径。是要"以天合天"（《庄子·至乐》），"得之自然"，超出象外，得其环中。立足"易简"，追寻宇宙人生无限的生机和意蕴。

二　诗歌中的"尚简"之风

诗歌中的"尚简"之风体现为三个逻辑层次：简要、简淡、自然。

首先是简要。也就是如何用最少的言语传达出最准确的意思。这是"尚简"原则之最初体现。《尚书》就有"辞尚体要，

---

①苏轼.书鄢陵王主簿所画折枝二首//东坡全集:卷十六.

不为好异"①之说,指出语言本身是为了传达意义,而不在于自身的标新立异。孔子也说:"辞达而已矣。"(《论语·卫灵公》)刘勰在《文心雕龙·风骨篇》中也说:"能鉴斯文,可以定义;兹术或违,无务繁彩。"离开了要旨,再多的文饰也毫无意义。"果可以包举其义,虽一画一字,其可已矣。"(《文苑英华·辩文》)这一"简要"原则,体现在诗歌创造上,就是字斟句酌的推敲功夫。《文心雕龙·体性篇》:"精约者,核字省句,剖析毫厘者也。"《文心雕龙·物色篇》又举《诗经》为例,说:"皎日嘒星,一言穷理;参差沃若,两字连形。并以少总多,情貌无遗矣。"

在《系辞》"易简"思想影响下,这一"尚简"原则就不仅仅只是要求言语准确传达意思那么简单,而是要求用有限、简略的语言传达丰富、无穷的意思。这正是《系辞》中赞《易经》的"其称名也小,其取类也大,其旨远,其辞文,其言曲而中,其事肆而隐"。《文镜秘府论·南卷》中也指出"夫子演易,极思于系辞;言句简易,体是诗骨"②,明确指出《系辞》与诗歌"尚简"之风的渊源关系。

"意以象尽,象以言著","得意在忘象,得象在忘言"。正是因为追求无限的"意""理",才有了"简约"的风尚,而不是耽于字句。正如刘勰所说"为情者要约而写真,为文者淫丽而烦滥",这是必然的,集中体现了诗歌不同于其他文字作品的特点,即一种超越性、抒发性的追求。因此刘勰又有一句很相似的话:"诗人丽则而约言,辞人丽淫而繁句"(《文心雕龙·物色

---

①尚书·周书·毕命//尚书注疏.
②(日)遍照金刚.文镜秘府论.北京:人民文学出版社,1975.

篇》），把"诗人"与"辞人"区分开来，也就把"艺术家"与"工匠"区分开来，关键在于是否可以"以简御繁""易简理得"——"片言可以明百意，坐驰可以役万景。工于诗者能之"。①

顺着这一思路下去，就发展出一种崇尚"简易闲淡"的诗歌审美趣味。这一词语出自宋范温《潜溪诗眼·论韵》："行于简易闲淡之中，而有深远无穷之味。"②苏轼也有"发纤秾于简古，寄至味于淡泊"之说③。刘克庄《跋真仁夫诗卷》更明确指出"繁浓不如简淡……不易之论也"④。"简""淡"并提是文坛常见事。我们不妨把这一风尚称为"简淡"。

"简淡"不仅可以致"繁浓"（发纤秾，寄至味），更可以超越"繁浓"，走向"深远无穷"的世界。在论"简淡"时常有一个词被用到，那就是"味"。"简淡"的目的就是达到"味"。刘勰说："四序纷回，而入兴贵闲；物色虽繁，而析辞尚简。使味飘飘而轻举，情晔晔而更新。""味"是处于有无、浓淡、繁简之间的一种张力，是从无入有、以淡入浓、由简入繁的一个契机，是"外枯而中膏，似淡而实浓"（《文心雕龙·物色篇》）。

由"尚简"原则所产生的这样一种"无味之味"，成就了诗歌的意境和情调。"有味"也可以说成"有意境"。如柳宗元诗"千山鸟飞绝，万径人踪灭，孤舟蓑笠翁，独钓寒江雪"⑤，了了二十字，话也简淡，事也简单。息却了所有尘杂烦琐，千山无鸟、万

---

①刘禹锡.董氏武陵集序//文苑英华：卷七百十三。

②该篇可见：钱钟书.管锥编（一八九）.第四册.北京：中华书局，1979：1362－1363。

③苏轼.书黄子思诗集后//东坡全集：卷九十三.

④转引自：贾文昭.中国古代文论类编.福州：海峡文艺出版社，1988.

⑤柳宗元.江雪//柳河东集：卷四十三.

径无人,其舟也孤、其钓也独,却磊落旷达、清寒料峭,自成一片广漠天地,勾起人无限惆怅和感思。而这"绝、灭、孤、独"本身,不正是"易简"之"味"的最好表达吗? 又如韦应物:"独怜幽草涧边生,上有黄鹂深树鸣,春潮带雨晚来急,野渡无人舟自横。"①千古称颂这"野渡无人舟自横"。诗已然易简,而其中意象又另有一番简淡荒疏之趣,真是"以天合天"的绝妙写照。怪不得苏东坡独独称赞柳宗元、韦应物:"发纤秾于简古,寄至味于淡泊。"

正如本文一再强调的,这种"以简御繁""似淡实浓"的趣味之所以可能,根底处还是由于"得之自然"。自然本自"易简",有个天生的"易简"之理,然后"易","仰观俯察"以得之。诗歌受启发于"易","与易象同体",也就合乎自然"易简"之理。至于自然以及"易"如何"易简"的问题,前面已有详细。这里只需谈诗歌合乎自然如何可能的问题。

《文镜秘府论》中说得最好:"自古文章,起于无作,兴于自然,感激而成,都无饰练,发言以当,应物便是。"诗歌之所以能简易闲淡、合乎自然,正是由于它是"感兴"而作,是"无作"之"作",可以"发言以当,应物便是"。

诗歌之所以"自然",还有一个比"感兴"更为有力的说法,就是"不得不然"。"天岂有意于文采耶? 地岂有意于文采耶? 八卦春秋岂有意于文采耶? 其何故? 得以不可越,自然也。夫自然者,不得不然之谓也。"②前面也论到"不得不",就是不掺杂

---

①韦应物.滁州西涧//韦苏州集:卷四.
②独孤郁.辨文//唐文粹:卷四十六.

任何有意的安排，一切顺随事物本身的真实面貌和情理。"感而后应，迫而后动，不得已而后起。"(《庄子·刻意篇》)如此才能"易简而理得""无为而无不为"。所以苏洵说："君子之处于世，不求有功，不得已而功成，则天下以为贤；不求有言，不得已而言出，则天下以为口实。"①苏轼也常说"常行于所当行，止于不可不止"(《文说》《答谢民师书》)，便"文理自然，姿态横生"(《答谢民师书》)。

顺其自然，不得已而为之。还有一层含义就是要合乎"时"。这个"合乎时"不是白居易的"文章合为时而著"②之"合为时"。那时指时代精神。这里的"时"正是孔子"君子而时中"之"时"，也是《系辞》"君子藏器于身，待时而动"之"时"。《文心雕龙·物色篇》："凡摛表五色，贵在时见，若青黄屡出，则繁而不珍。"在恰当的时机下行文，就能要约而不繁。

三、结 语

"书不尽言，言不尽意"，"圣人立象以尽意"。——《系辞》的这两句话很好地揭示出绘画和诗歌艺术的根源，即"象"的思维方式。(这种"象"当然不就是绘画、诗歌里的"象"，但可以说，它直接启发了绘画、诗歌之象的产生。)在绘画里，用来揭示

---

①苏洵.名二子说//嘉祐集：卷十五.
②白居易.与元九书//白氏长庆集：卷四十五.

意义的直接就是"形象"本身。诗歌虽然用"言",但"言"不是用来表达逻辑思维的工具,而是用来显现"意象"的载体,即王弼所说的"立言以尽象""象以言著"。无论绘画还是诗歌,其实都是一样——"象"。这就是所谓"诗画本一律"。

"象"本身就具有宽泛性和超越性。——因为"象"不作任何规定,它只是呈现,如物之自然显现。本文说道:"象"是"易"揭示的"一阴一阳"之"道"所决定的"易"独有的图式化反映方式,是通过"相似"和"类推"原则来把握姿态万千的事物,实现"以易治难""以简御繁"。因此"象"正是"易简理得"的典型,以一种极其"简易闲淡"的方式揭示"深远无穷"的意趣。"妙在笔墨之外。"

绘画、诗歌崇尚"尽意"之"象",自然也就崇尚"简淡"之趣味。"尚简"之风因此蔚然盛行,造就了水墨山水这一"独得玄门"的艺术奇迹,也造就了"发纤秾""寄至味"的超然的诗歌品格。

非言之言

——从禅宗"不立文字"引发的辩证思考

禅宗标榜"不立文字,教外别传,直指本心,见性成佛",其中,最有争议的恐怕是这第一"不立文字"。众所周知,禅宗的文字是最多的,其公案、语录浩如烟海,自从《坛经》一出,诸如《宝林传》《景德传灯录》《传法正宗记》《五灯会元》《古尊宿语录》《指月录》等难以遍计。这种声称不立文字却又制造大量文字的现象只是一个难堪的悖论,还是有似于一种"行为艺术",在相互背离的形式下构造一种张力,指引出一个生动的意义世界,令我们的心灵自由地体悟?

事实上,这种情况在中国古典哲学中屡见不鲜:《老子》五十六章提出"知者不言,言者不知",却又洋洋洒洒五千言。不知老子是知者,还是不知者。孔子常常说"君子欲讷于言而敏于行"(《论语·里仁》)"刚毅木讷近仁"(《论语·子路》),既然强调"讷",反对言,怎么又那么循循善诱、诲人不倦? 孙子更是让人进退两难,《计》篇娓娓传授着"利而诱之、乱而取之⋯⋯攻

其不备、出其不意",后面却来一句"此兵家之胜,不可先传也"。那么,兵法到底可学不可学?

总而言之,我把这一现象姑妄称为"非言之言"——那么,"言"与"非言"之间到底是怎么回事? 也就是说,在非言语不可以传达的意义世界中,非言的意义何在?

一

有一种回答是,语言只是一种符号,它和意义之间是一种"能—所"关系,如同"得兔忘蹄""舍筏登岸",所谓"得意忘言"是也。也就是说,语言没有自性,它只是一个过渡、一种工具,在得到意义之后就可以舍弃。可是,意义真的可以外于语言吗? 简单说,《老子》的"大义"可以脱离其"微言"吗? 禅宗的智慧能去掉那些机锋、话头,换另外一种方式来体现吗? 意义虽有溢出语言之外的可能,难道不是天然的从语言的母体中生长出来的吗? 仅靠一种外在的捆绑,语言能有揭示存在的巨大力量吗? ——这种解释不但没有澄清"非言之言"背后的深意,反而把事情搞得更僵。它一刀把语言劈成两半,却声称要恢复其本来的生命。

还有一种回答是,古人不是反对语言本身,只是反对知识、强调行动而已。王阳明所谓"知是行之始,行是知之成",虽然异议很多,但没有人可以设想一种缺乏知识的行动或者一种无关行动的知识。《养生主篇》谈"吾生也有涯，而知也无涯"，它也没有弃绝"知"，只是说"以有涯随无涯，则殆矣"，说的是不要"随"。

最后，一种很常见的解释是，古人不是反对语言，也不是弃绝知识，而是反对逻辑思维——这里所说的逻辑一般是指形式逻辑——也就是说，中国古人不要什么概念、判断、推理，也不遵守什么同一律、排中律、矛盾律、充足理由律——奇怪了！离了概念、判断、推理，思维根本就没法进行，更不用说作哲学思考。难道"子非鱼，安知鱼之乐"（《庄子·秋水篇》）不是一个省略了大前提的三段论吗？"观其所以，视其所由，察其所安，人焉廋哉？人焉廋哉？"（《论语·为政篇》）不是一个简单枚举的归纳推理吗？即使古人经常无视矛盾律和排中律，但也并非弃之不用。"知之为知之，不知为不知，是知也"（《论语·为政篇》）就体现了矛盾律。中国哲学是不重视辩证，不爱做纯粹的抽象，甚至确实有很多不合逻辑的言说，但不能说他们反对逻辑思维。从根本上说，古人那里没有什么形象思维、逻辑思维的区分，更谈不上反对了。

二

问题的关键并不在于该不该说，而是如何说，给言语一个怎样的定位。

（一）

"非言之言"暗示着语言不能脱离活生生的发生情境，不能孤立地做着语言的自我游戏。语言永远是牵连着生活并且朝向更深刻的生活的，意义的探讨最终是成全一种灿烂的生活。"不立文字"提醒我们：不要忘了心上的明灯而在语言的道路上南辕北辙。语言就是呈现以及实现，所以惠能不断地叮嘱："迷者口净，智者心行。"

这样一种"言"，用许慎的话来说，叫作"直言"。《说文解字》训"言"字曰"直言曰言，论难曰语"。"直言"并不是所谓"仗义执言"的那种"说真话"，即不是强调语言和事实的一致性，而是强调语言的当下生成、不离情境，脱地而出、生生不息。所以庄子有寓言、孔子有对话、《周易》有"象"、禅宗有公案。从"言"字的字形上我们就可以看出：古文"言"，最下面是一个"口"，象形；中间一个"干"，"干"《说文解字》训作"犯"，有开启、朝向、发生之意；最上面是古文的"上"字，古文"上"与"二"同（见《说文》），《老子》"道生一，一生二"，《系辞》"一阴一阳之谓道"，"言"既是原初的裂变和发生，又意味着通达和展开。总之，"言"的本义是从口中发出的，开启混沌，揭示存在，创造生命，直指未来的一种道路。"言"原本就是"直言"。

至于"论难"的"语"，那是"言"的一种衍生物，是语言的自我纠结，远离了原初的母体，像高处的藤蔓在远离了根茎之后互相缠绕，遂成为无源之水、无本之木，貌似华美，实则空洞，正所谓"十字街头说葛藤"(《赵州录》)是也。注意"语"字乃"言"边加了一"吾"字。"吾"者"我"也,断却与世界的血脉联系,自困于单向度的境域,只是一个死寂的终端,无法通达,不可新生。让人想起《坛经》中惠能说"平直是德","吾我不断,即自无功德"。"平直"就是一种自然的流露、生动的发明。"星随平野阔,江入大荒流",让语言汇入其所从来的大化洪流中,绵绵不绝、生生不息。相反,辩难无穷、喋喋不休,只能是"得到的尚未得到,失去的早已失去"。

要做到"直言",中国古代哲人提出了一个很简洁、很巧妙的原则:"不得已。"《庄子·人间世篇》中讲了一个故事,说颜回要去卫国教导其国君,因为卫君是一个残害百姓的暴君,他要去改善这种局面。孔子说颜回自己修养不够就想劝导别人,只能是"以火救火,以水救水",连自己的小命都难保,但颜回坚持要去,说了一大堆理由,什么"与天为徒""与人为徒""与古为徒"之类的。孔子没办法,只好叫他去"心斋"。"心斋"太玄妙,最后教了他一个绝招,孔子说"若能入游其樊而无感其名,入则鸣,不入则止,无门无毒,一宅而寓于不得已,则几矣"。也就是说你说服他不要为说服而说服,只顾自己图个好名声。要冷静,直到不能不说的时候再说出来,才能达到最佳的效果。因为这个时候已经不只是你在说,而是整个事态在说,言说本身已借重了实在的情境所生发的巨大的势能,可以"四两拨千斤"。《庄子》还多次谈到"托不得已以养中",把"不得已"作为为人处世的一个重要原则。《孙子》中也多次谈到"不得已",暗示了纸上的兵法学习与实战中的运用之间的微妙关系。《孙子·九地篇》中谈到"故善用兵者,携手若使一人,不得已也",又两次提到"不得已则战"。说明只有在这种不得不如此的情势之下所迫出的战斗中,才能综合各种因素集于一端,士卒才能倾尽全力,将帅才能灵机勃发,抢占先机,营造无穷的可能性,获得生的希望。正所谓"投之亡地而后存,陷之死地而后生"(《孙子·九地篇》)。"不得已"三个字中透出来的智慧表明一个行为、一个事件,要获得巨大的力量和长久的生命,就必须投身于一个巨大的情势之中,让整个事态都为我所用。厚积而薄发,循隙而动,在高度紧张之中陡然迫出,"若决积水于千仞之溪"(《孙子·形篇》)——山中之溪,其所长流不竭,一泻千里,正是有整座山为它提供源泉的支持。

我们的语言也如是,只有"不得已",即在巨大的情境之下逼迫出的文字、话语,才能有巨大的包孕性和生命力。相反,脱离了情势,人为地去索求,只能是空洞而枯竭。"不得已"而"言"之,可以说是"直言"的一种否定式表达。

这一个"不得已",可以说是一种"节"。就像弓往后拉,作为一种节制和收敛,是为了造就一个巨大的势,直到不得已的时候再发出去,才能"百步穿杨"。语言也需要我们节约地使用,让它成为世界自我表达的需要,从而获得巨大的背景支持;而不是自言自语、泛滥成灾。所以古人常说"惜墨如金""一字值千金"。《老子》短短五千言,其意味却无人可以穷尽。孔子的对话往往只是寥寥数语就道得透彻,更无一点多余。《周易》更是所谓"其称名也小,其取类也大,其旨远其辞文,其言曲而中,其事肆而隐"(《系辞下》)。

谈到"节约",我不得不稍稍偏离一下正题:我想,中国的很多伦理道德绝不仅仅是一个行为规范的问题,而是一种深刻而简明的生存智慧,在一种更为宏大和高明的境界中为我们提供幸福的可能。"节约"也绝不仅仅是一个爱惜财物、细水长流的问题,而是如上文所讲的,通过敛紧、聚集,创造一种富有包孕性、生成性的生活。所以孔子说"以约失之者鲜矣",《周易》说"易简,而天下之理得矣",《老子》更是强调"治人事天,莫若啬"(五十九章)。一个"啬"字用得极妙,"啬"本与"稼穑"之"穑"同,"穑"必"啬",要庄稼生长良好,就要遵循简约的原则。"节约"原是一个自然法则,是生命的要求。"节约"的意味集中体现在我们的传统节日中。以往我们只有在过节的时候才能进行某种行为、使用某些事物。比如只有中秋节才能吃到月饼,只有端午节才能吃到粽子,只有春节才能杀猪宰羊、张灯结彩、锣鼓喧天。这并不是出于物质匮乏,而是一种必然的要求。只有这样,我们才会怀着紧张而欣喜的心情向往着节日的来临,随后又跟节日一起蔚然盛开,当节日过后又带着一点怅惘久久回味着那缕深长的余香。"节日"可以说是"节出来的日子"。一个又一个的节日是生命旅途中轮回着的一次又一次的惊喜,是浓浓的生命之水气不断聚合所形成的一道道闪电,踏着节奏把我们点燃——可如今却是怎样?商场里随时都有琳琅满目的各色月饼,每顿饭都能吃到粽子,每天大鱼大肉不以为奇。失去了节制,于是吃什么都没有意思,过什么节都味同嚼蜡。

上文用了"直接生发""不得已""节约",来阐明对"非言之言"的第一层理解。就跟一开始所讲的那样,无非是想说:这种反对文字又重视文字的矛盾心情背后深藏着一种更智慧的考虑,即始终自觉地保持着语言文字与生活世界之间的血脉关联,不断打造语言的包孕性和创造力,并且努力实现语言的终极使命:意义的开启和生活的成全,由"开示"最终走向"悟入"。

(二)

第二层意思是这样的:"非言之言"是一种策略,一面用"不可说"告诫那些迷信语言、贪恋文字的人;一面又用"不得不说"防止人们陷入绝对的沉默。总之不可偏执、无有执着才是对待语言乃至对待生活的正确态度。所以惠能临终时叮嘱弟子的不是别个,恰恰是"若有人问汝义,问有,将无对;问无,将有对;问凡,将圣对;问圣,将凡对"(《坛经》宗宝本)。说"不立文字",是避免那些愚夫痴汉执着于有,死于章句之下;却不想更有愚痴者滑入另一端,执着于无,一听说不立,就对纸上的经文妄加否定。殊不知"即此不立两字,亦是文字"(《坛经》宗宝本),如何可以不立?关键却是"外于相离相,内于空离空",于文字之中超越文字。唯有通过文字才可以真正突破文字,也只有超出文字才能真正实现文字。如此"二道相因",方可"生中道义"。不落两边,是为了给意义留出生发的余地。

《周易·系辞》可以帮我们加深对这一点的理解。《系辞下》说:"《易》之为书,不可远也。其为道也屡迁,变动不居,周流六虚。上下无常,刚柔相易,不可为典要,唯变所适。其出入以度,外内使知惧。又明于忧患与故,无有师保,如临父母。初率其辞,而揆其方,既为典常。苟非其人,道不虚行。"

一方面,它强调"不可为典要",这跟禅宗的"不立文字"近似。是说语言文字不能被当成一成不变的规则,"若全著象,即长邪见",要灵活变通,"唯变所适"。但这种"变"也不能看死了,否则就成了无法把捉的神秘,无济于事。"若全著空,即长无明。"所以文章又接着说"初率其辞,而揆其方,既为典常"。"初"字《说文》解为"裁衣之始",一开始剪刀下去是有章法的,没有章法就无法下手。但往下走就任凭衣服的形状变化,不能拘泥了。一开始我们要读文本,探究它的妙处,形成一定的看法,这没关系,只是不要就此打住、纸上谈兵,要应运而生、相时而动。关键你是一个自主的人,要自由处置,正所谓"苟非其人,道不虚行"。"道"正是在流通中实现的,也可以说,流通是道的本质。惠能也说过"道需流通,何以却滞"? 这里值得注意的还有一个"人"字,是语言为人服务,而不是相反;是人运用语言,而不是相反。人是一个不断变换的自主的意识,没有一定的本质,语言亦要随人运化。摆正了这个秩序,则一切尽不妨。所以惠能说:"一切经书及文字,小大二乘,十二部经,皆因人置,因智慧性故,故然能建立。""一切经书,因人说有"(《坛经》敦煌本)——语言文字的"有",不是孤立的"自有",而是人类"智慧性"的发明。"不立文字"就是要你保持人的自主性,尊重自我,常于自性中求,"识心见性,自成佛道"。

以变通的方式运用语言,又以变通的语言来体道——这才是中国哲人的语言观。陶渊明说得好:"好读书,不求甚解,每有会意,便欣然忘食"(《五柳先生传》)——此真读书人也!《论语·为政篇》中，有好几次问孝的记录。孟懿子问孝，子曰"无违"；孟武伯问孝，子曰"父母唯其疾之忧"；子游问孝，子曰"不敬，何以别乎?"子夏问孝，子曰"色难"。按照现代人的逻辑，对于同一个问题，应该给出同一个答案才对。更何况你还是圣人，更不能让人有半点迷惑。圣人恰恰相反，从不会给"孝"一个固执的"定义"。问题是因人而设立的，问题的解答也要因人而异。忽略了人的因素的问题是假问题，不能因时任势的回答是荒诞的、空洞的。"尽日寻春不见春，芒鞋踏破垄头云"——一味苦求，纠缠不休，却只能生出"法障"，落了"边见"。此法不在东，亦不在西，更不在中间。你说它在，他就不在；你说它不在，它只是在。正如《临济录》中所说："你向动处求它时，它向不动处立；你向不动处求它时，它向动处立。"——无在无不在，立处皆真，在在皆是。"归来笑拈梅花嗅，春在枝头已十分!"

用孔子的话说，这叫"君子之于世也，无适也，无莫也，义之与比"（《里仁》）。大丈夫处世，没有什么一定要做，也没有什么一定不能做，关键是"适宜""合时"，所谓"悬权而动"是也。用孙武的话说，这叫"有所不"。《孙子·九变》中说："途有所不由，敌有所不击，城有所不攻，地有所不争，君命有所不受。"我还想补充一点："兵法有所不用。""有所不"是牛身上给庖丁游走刀刃所留出的一个间隙，是给变化的情境留出一个余地来，是函数的一个变量，这样才能"因敌而制胜"，可以"应形于无穷"而"战胜不复"。兵法是可以传授和学习的，抛弃兵法不用，一味强调"经验"是愚顽无知的表现。但兵法要学活了，不能拘泥。"必生可杀，必死可虏"，不顾一切地钻到牛角尖里去，只能

是一败涂地。所以孔子说："暴虎冯河，死而无悔者，吾不与也。必也临事而惧，好谋而成者也。"(《论语·述而篇》)

总之，"非言之言"不是反对语言，而是反对对语言僵化地运用，是中国古代哲人用语言文字来悟道时采取的一种策略。无有执着、不落两边，在一种否定式的思维方式之上突出人的主动性、创造性，从而实现对这个变化万千的世界的机动把握。

用《周易》中的两句话勉强概述我对"非言之言"背后之蕴意的发掘。第一句是"风行水上，自然成文"，另一句是"通其变，遂成天下之文"。

有结论，莫定论——以此作为我这篇文章的结论。

"大一生水"

——以"水"象解《老子》的新尝试

提及《老子》，多谈他的"辩证法""无为""返朴归真""宇宙论"，等等，还没来得及思考，预先就有一个定论，然后带着它去阅读文本，无非是找出更多的证据来——四个字，削足适履。当然，从解释学的观点来看，是允许有"合法成见"的，但成见必有待突破，否则就不合法了。突破的关键在于透过文本看到其背后巨大的经验背景，用《周易》的话来说，是看到"意"背后的"象"。始终到源头去汲取活水，回来的时候一定是盆满钵满。同样，去到生动的象里，才能带回更为鲜活、贴切而深入的"意"来。《老子》有没有象呢？大家都晓得，自然是有的，如"婴儿""橐籥""江海"，等等。但《老子》背后有没有象呢？也就是说，统摄全文的象？

《老子》中具体谈水的地方不多，无非是第八章"上善若水"，七十八章"天下莫柔弱于水"，最多再加上一个六十六章"江海之所以能为百谷王者"。然而八十一章五千言，"高下相顷""前后相随""有物混成""生而不有，为而不恃，长而不宰""渊兮""湛兮"……无不渗透着浓浓的水汽，让人感觉《老子》近乎一部水的哲学、水的启示录，像泰勒士的大地，滋生于无垠的深渊。

"水"绝不仅仅是一个比喻、一个象征，简单地靠一些相似联想来刺激我们对人生的感悟。毋宁说，老子是看到了世界作为水的存在，或者，万物的水性。所以，不要从道德上去谈水的谦卑、无私；不要从战术上谈水的迂回、机变。这些只是皮毛而已。要从生存的根上去看水，找出万物内部的水来。

一 《大一生水》篇的启示

这里有一个比较切实的材料，可以作为这篇文字的基石，在此之上作一些试验与建构。这就是 1993 年出土的荆门郭店楚简中那篇《大一生水》①。学术界的争议暂且按下不表，尽管没有足够的证据表明它一定吻合《老子》原本，但更没有证据否认它。毕竟是我们今天所读到的最古的本子，不妨信其有②。这一来，上面设想就可以落实了。至少跟今本《老子》那暗昧不明的面目不同，《大一生水》明言：水是一个根本。全篇如下：

---

①本文中引用的今文《老子》皆以上海古籍出版社 1989 年影印本王弼注《老子》为底本，至于版本问题只与帛书及简本相照。"大一"或作"太一"，此从简本原文。
②参见：中国哲学史,1998(4),2000(1),2001(3,4).

242

　　大一生水，水反辅大一，是以成天；天反辅大一，是以成地；天地复相辅也，是以成神明；神明复相辅也，是以成阴阳；阴阳复相辅也，是以成四时；四时复相辅也，是以成凉热；凉热复相辅也，是以成燥湿，燥湿复相辅也，成岁而止。故岁者，燥湿之所生也；神明者，天地之所生也；天地者，大一之所生也。是故大一藏于水、行于时。而或万物母，一缺一盈，以纪为万物经，此天之所不能杀，地之所不能灭，阴阳之所不能成，君子知此之谓……①

　　"大一"或可是万物的本根，"水"是"大一"所生，但不是一物。正如后面"天地神明阴阳四时凉热燥湿"不是具体一物一样。毋宁说它们是一个印象或者一个属性。古"生"字与"性"常通假，可以说，水是"大一"之性。所以后文说"大一""藏于水，行于时"，"水"与"时"对应，"时"固非一物，"水"亦当如是。"大一"生成万物了，只于水性中存显，于时变中运行。"大一生水"也就可以说成是：大一的水性。

　　"言有宗，事有君"（七十章），开宗明义之后，我们在余下的14篇竹简中就再也见不着"水"的字样了。而上文所提到的，在今本《老子》里，"水"也只出现了两次。这又是为什么呢？很简单，"朴散则为器"（二十八章）而"道隐无名"（四十一章），"大一"化为万物，"水性"也化到万理中去了。这里字字未曾谈水，

①楚简与帛书老子.邹安华.北京：民族出版社，2000.

却字字无非是水。

二　水性的试验

本文对水性的考察分为两个层面：一是水象的层面，直接运用水象来解读文本，看能有什么启发。这种考察主要集中在"道"篇，姑且称之为"水道"；二是水义的层面，是到背后去分析水象的深层意蕴，这对于德篇比较适用，姑且称为"水德"。这篇文章仅限于第一层的探讨，或者用一个比较别致的词"试验"。以此获得一些亮点，照亮往下的路。当然，不可避免地会不时侵入第二层的领地。

试验很简单，就是对《老子》文本妄加涂改，用以突破常规思维，获得新的发现。我们知道，《老子》行文往往缺失主语，蓦然读来，天马行空，若无所指。有些篇章如果能加上主语，就能顺理而成章。所以我尝试在今本中没有主语或主语不明的篇章以"水"为主语。看看水果真是不是藏在背后的那个线头，这是试验之一。

我们再回过头来看"大一生水"篇，大一生水，水反辅大一就有了天，天又反辅大一，有了地。这就构成了一个"大一——水——天地"的模式，而水居中。水是"大一"之性，是天地之所从出。于是我尝试着在今本老子中出现"一"和"天地"的地方用"水"来替代，这是试验的另一种。

（一）"水"——《老子》的主语

首先来看第一章。这一章谈"道"，但"道"是不是真的是主语呢？后者至少是缺省了定语的。"道"，金文作，从"行"部①。从字源上，它不是独体字而是合成字，所以《老子》二十五章说"字之曰道，强为之名曰大"，"字"和"名"区别开来是有讲究的："字"者"乳也，从子"②，"既知其子，复守其母"，既然"道"是"子"，那一定有一个"母"了。从字面意上，《说文》解"道"为"所行道"或者"达"的意思。"道"一定是"什么东西的道"，没有孤独的、实在的道。更有意思的是，《大一生水》中只字未提及"道"，只从"君子知此之谓……"的残简上，有学者推断有一个"道"字，即此句应是"君子知此之谓之道"③。这样一来，"道"就是"大一"藏于水、行于时之时所有的表征，在"大一——水——天地……"的结构中没有独立的位置，只是处于"天地"之中，所以郭简又有"下，土也，而谓之地；上，气也，而谓之天。道亦其中也，青昏其名""以道从事者，必托其名"④。对于"大一"我们再无可说，说到底无非还是个"一"，要不然也不会叫"大一"。最高可说的是"水"，以及"水之道"。

于是我加一个"水"字，成为：

　　水之道，可道，非常道；水之名，可名，非常名。无水

①正草隶篆四体字典.上海：上海书店，1983。

②说文解字.北京：中华书局，1983：310.

③邹安华.楚简与帛书老子.北京：民族出版社，2000：182.

④同上书，第15页。

名，天地之始；有水名，万物之母。故常无，欲以观其妙；常有，欲以观其徼。此两者同出于水，而异名，同谓之玄。玄之又玄，众妙之门。

这样就跟"大一生水"篇合上了。篇中前面说大一生水，水生天地，后面有"天地者，大一之所生"，没有涉及水，正是"无水名，天地之始"；及至"大一""藏于水"又"而或万物母"，正是"有水名，万物之母"；然后篇中又说："一缺一盈，以纪为万物经""君子知此之谓道"，道就是在这一缺一盈、或有或无之中的万物之"经""纪"，谓之"玄"，"玄"者水之色也，于是乎乃众妙之道。

这样，"道"就不再是一个神秘、孤绝的东西，众说纷纭、莫知所指，而简单地说是"水道"。"水道"可以因循，就像黄河、长江一样千古如一。但这种不变却是在一刻不停的流变中实现的，要以变应变，才能保住常，稍有停息，就被无常带走了。这正像我们骑自行车，如果用高速快门捕捉，会看到每一瞬间都是偏离了重心的，但恰恰通过这种不断的偏离运动，我们保住了平衡。相反，一旦你停下来，想找一个绝对的平衡，车就要倒了。这就是"水之道，可道，非常道"的启示。

如果按以陈鼓应为代表的传统解法，把第一、三个"道"解为实体，第二个"道"解为言说；后面的第二个"名"也解为"称谓"。"称谓"和"言说"有什么区别呢？"不可道""不可名"如果不是啰嗦重复，至少是含混交错的。不敢想，微言大义的《老子》竟有如此别扭的开头。而当我们加上一个"水"字，把第一个"道"解为"所因循者",第二个"道"解为"可因循者",作为水的"性"的一面;第一个"名"解为"所表征者",第二个"名"解为"可表征者",作为水的"形"的一面。如此就成了"水无常性亦无常形,而万物常以水为性、为形"——作为开宗明义之语。

接下来我们读同样论"道"的第四章就更明显了。加一"水"字简直如画龙点睛,全文顿时明亮起来,豁然无不通达之处。我们来看:

> 水之道沖,而用之或不盈;渊兮,似万物之宗。挫其锐、解其纷、和其光、同其尘,湛兮,似或存。吾不知谁之子,象帝之先。①

未加之前,对于"道"的这种描述总显得突兀。尤其是"挫其锐、解其纷、和其光、同其尘"就像是一种牵强的规定。加上之后,一切不言自明。若"沖"、若"渊"、若"湛",无非是水之状。

水之道,首推沖。"沖",《说文》训为"涌摇也,从水中"。而水"水"是"众水之流,中有微阳之气"也。"水"也就是"中",也就是"沖",是寓阳于阴的沖和之流的涌摇;其或左或右、或前或后,行于所当行,止于所不得不止,有时取、有时与,而用之终不竭,注之终不盈;衣养万物而不为主。故称之为"浴神"②,"浴"者,有学者解释为"养育"。我以为《大一生水》中的"反辅"更

---

①陈鼓应.老子注译及评介.北京:中华书局,2001:53.
②"浴神",王弼、河上诸本作"谷神",马王堆帛书作"浴神",郭店楚简"谷"亦作"浴",今从之。参见:邹安华.楚简与帛书老子.北京:民族出版社,2000.

好，"反哺"或"反刍"——以己养己、乐此不疲、终生不息，故称之为"玄牝"，称之为"天地根"。又用一字叹曰"渊兮"！"渊者，回水也"（《说文》）地底自生之水，自多自少、自生自息，故"似万物之宗"。万物既生于水，复以水浸淫之，挫锐解纷，和光同尘，使其保住水性，也就保住了生命之本。若等到水分枯竭，显出坚强、枯槁来，也就接近了生命的尾声，所以"挫其锐、解其纷、和其光、同其尘"并非陈鼓应所说的错简。"湛者，没也。"（《说文》）水流遍天下，淹没一切，江海一小水，天地一大水。万物皆没于水而似存非存，亦无所谓存与不存，以其不欲存，故长存不息。此之谓"天长地久"者是也。水生万物，而水又有生之者，如此上溯，将无以穷之，故权设一穷极，强为之名曰"大一"，亦终不知其谁何。唯一可知的是，水不是主宰，"生而不有，为而不恃，长而不宰"（十章）。帝在万物之外以御万物，水在水中，水只是水。

于是试验有了一个小小的成果：水养育万物，却不需要任何别的东西来养育自己。水只需要水。这就是水之道，也就是老子想要从水中引出的——圣人之道。

这样一来，很多看似与水无关的，也就有了水。拈出几例看看：

1."自然"。何谓"自然"？我先造一个"他然"与之对待。"他然"者待他者而使然，至于无所待而自成其为然者，是谓"自然"。万物待水而然，水自然。于是有"人法地，地法天，天法道，道法自然"（二十五章），也就是"水之道，法自然"。天地万物若能以己养己、不待他物，则"万物将自化""天下将自定"（三

十七章）。所以，"自然"不是与"人为"对立的概念，而是万物的水性以及水的自性。

2．"不争"。不争不是不欲争，不能争，不屑争，而是无所可争。水只需要水，那么还争什么呢？所以只有"利而不害""为而不争"（八十一章）了。所以，不争不是道德，不是策略，是水存在的真相。当我们说"水"的时候，就已经说起"不争"了。够了。

3．"无知"。"无知"向来是令很多学者头疼的事情。怎么能教人一种"无知"的知识呢？人们最多说：物极必反，知的最高境界就是无知了。可这有什么意义呢？人们干脆又说，这是在愚民，老子自己也说："非以明民，将以愚之"（六十五章）——那老子也太简单了。民真的可愚么？更要紧的是，"愚"了以后真的可以天下太平了吗？社会治安还不是主要由一些无知的人搞乱的？

先看"知"。《易传》有"乾知大始，坤作成物"，古代官职有"知府""知州""知县"，"知"有知掌、把握，当然也有认识之意。总之，知是对待的产物，是外指。无知就是要取消对待，回归自身。当没有了内外之别的时候，就不愿知，也无须知了。"使有知识，而无所用之。"只是像水一样自在流淌。

这种演绎是没有穷尽的，读者可以举一反三。

至于以水为主语的试验，看似简单，细细品味，实有深意。我再列举几篇：

　　　　水不尚贤，使民不争；不贵难得之货，使民不为盗；不

249

见可欲,使民心不乱。是以圣人之治,虚其心,实其腹,弱其志,强其骨。常使民无知无欲,使夫智者不敢为也。为无为,则无不治。(三章)

水持而盈之,不如其已；揣而锐之,不可长保。金玉满堂,莫之能守；富贵而骄,自遗其咎。功遂身退,天之道也。(九章)

水视之不见,名曰夷；听之不闻,名曰希；搏之不得,名曰微。此三者不可致诘,故混而为一。其上不皦,其下不昧。绳绳兮不可名,复归于物。是谓无状之状,无物之象,是谓惚恍。迎之不见其首,随之不见其后。执古之道,以御今之有。能知古始,是谓道纪。(十四章)

水知其雄,守其雌,为天下谿。为天下谿,常德不离,复归于婴儿。知其荣,守其辱,为天下谷。为天下谷,常德乃足,复归于朴。知其白,守其黑,为天下式。为天下式,常德不忒,复归于无极。朴散则为器,圣人用之,则为官长,故大制不割。(二十八章)

(二)水——看不见的性质

下面进行第二种试验:置换。《老子》中提到"一"或"天地"

的地方不多，但有管窥蠡测之功效。

我们先看著名的二十五章："有物混成，先天地生"，再一次让我想起《大一生水》。先天地所生的正是"水"，而水不正是"混成"之物吗？再往下，"寂兮寥兮，独立而不改，周行而不殆，可以为天下母"，这不是前面所讲的水性是什么？"吾不知其名，字之曰道，强为之名曰大"正如我一开始所说："道"只是"水"之"字"，而"大"即"水"之别名，所以下面所说"逝""远""反"无非是大一所生水之性也。

试看三十九章：

　　昔之得一者：天得一以清；地得一以宁；神得一以灵；谷得一以盈；万物得一以生；侯得一以为天下贞。其致之。天无以清，将恐裂；地无以宁，将恐废；神无以灵，将恐歇；谷无以盈，将恐竭；万物无以生，将恐灭；侯王无以贵高，将恐蹶。故贵以贱为本，高以下为基。是以侯王自称孤、寡、不谷。此非以贱为本邪？非乎？故致数舆无舆。不欲琭琭如玉，珞珞如石。

向来解此一章不甚了了。王弼说的无非也就是知子守母之义，不要忘记了那最初的"一"。但"一"与天之"清"、地之"宁"、神之"灵"、万物之"生"、侯王之"贞"有什么关系呢？如何这些都得益于"一"以致失去它就有"裂、废、歇、竭、灭、蹶"的危险呢？

然而，如果把"一"换成"水"：

> 昔之得水者：天得水以清；地得水以宁；神得水以灵；
> 谷得水以盈；万物得水以生；侯得水以为天下贞。其致之，
> 水也。

难道还有什么不明白的地方吗？还需要牵强附会的解释吗？所以《易》说："言不尽意""立象以尽意"。《老子》以"水"为象，后世却在王弼的指导下"得意而忘象"了。

且此处的"一（水）——天地——神——谷（浴）——万物、侯王"模式与《大一生水》中"大一——水——天地——神明——阴阳四时——凉热燥湿"模式有强烈的相似之处，更说明今本《老子》是缺省了"水"的。水神秘地消失了，像玛雅人一样，只留下伟大的遗迹，让人无限猜测。

最后我们看看二十二章，我们把两种试验方式放在一起，加上主语"水"，并把"一"换成"水"，成为：

> 水曲则全，枉则直，洼则盈，敝则新，少则多，多则惑。
> 是以圣人抱水为天下式。不自见，故明；不自是，故彰；不
> 自伐，故有功；不自矜，故长。夫唯不争，故天下莫能与之
> 争。古之所谓曲则全者，岂虚言哉！诚全而归之。

结　语

　　正如开始所说,这篇文章只是一个试验,希望还《老子》以更生动的面貌,获得很多更新鲜的启示,而不至于在陈腐的静潴中发酵。以《老子》的方式读《老子》,那就是让它流动起来。不是说"流水不腐,户枢不蠹"吗? 我们知道无为之益、不争之利,为什么不能反过来用在对《老子》的研读上呢? 又何必一定要"无为自化,清净自正"①之类的画地为牢?

　　当然,以"水"解《老子》,胆子大了些。且圣人之言乃微言大义,岂可如王弼"一言以蔽之"? 欲以"水"一统《老子》实乃虚妄。本欲让它活起来,到最后淹死在水中,则不是本文的初衷。只是后来论道家学说,陈词滥调太过,想来一次反动。于是本文聚焦于水。

―――――――――――
①司马迁.史记·老子韩非列传.长沙:岳麓书社,1997:494.

完美的残缺

——论"残缺"作为中国传统审美风格

残缺是中国文学艺术中的一个重要的审美领域,是一种富有哲学意味的审美风格。首先,"残缺"的审美价值是独立的,它不依赖于"完美",并不只是激起人们对完美的愿望。残缺之美的逻辑恰恰是:以缺合缺方能全,以全对全却是缺。其次,与此相关,残缺不是营造,而是一种揭示,揭示出人生的真相、世界的真相,完美反倒是人的理想臆造。再次,残缺不是"无",亦不是"有",不是任何现成的、有界的、固定的现象,正是介于有无之间,从无入有,从有入无,具足可能性,富有张力,所以最得意境。

以上概述,权且做个引子。下面结合中国文学艺术展开一下。大抵有条目如残破、残存、欠缺。

我们先来谈谈残破。残破是从有入无,似有实无;是一副似无灵魂的躯壳;是生生造化对利禄功名的嘲讽。"古今将相在何方,荒冢一堆草没了"(《红楼梦》),"西风残照,汉家陵阙"

(李白《忆秦娥》),断壁残垣,兀立于秋风落照,淡漠了千钟粟、万户侯;冷落了雕鞍玉勒、画栋雕梁。圆明园遗址以残破得其惊世之美,其中又以正觉寺遗址为甚。正觉寺幸免于联军,仍不免于岁月。山门斑驳,旁出一道烂墙,墙上刻画隐约,埋没于烟熏痕迹。寺院横生杂草,有侧柏连阴,苍苍欲竭。当中文殊殿,尖顶半已夷平,瓦缝间花草恣肆。两旁配殿更是颓圮沉陷。正当时,夕照寒光,鸦飞乱影,一派凄凉。真令人怅然无语,蓦地神伤,徒念到"陋室空堂,当年笏满床;衰草枯杨,曾为歌舞场"(《红楼梦》)。

残破之美,是劫后余生、时间淘洗之后的真美——华堂流彩,仙乐飘香,终究一朝付与窗前水;唯有此残破,正是滔滔变化本身在显现;一切皆变,唯有变化不变,万美凋零,唯残破之美长存。

残破之美还在于它去除了人工雕饰,浑化入造化之玄冥。残破之中所展示出来的只有一个"自然"。与其说是残破,不如说是成全。长城以司马台为最,主要因其残破。或断或续,或坍或竖。千百年风雨,仿佛化盐于水,化此尤物于山石之中,浑然一体,"虽由人作,宛自天开"。望京楼一台,突兀处已被岁月削去,山势陡然而上,直指苍穹,略无牵挂。直让人欲废尽天下巧匠,还此造化之神功。

此是残破,往下谈残存。

残存有别于残破。残存是似无还有,虽有将无。"杨柳岸,晓风残月"即是。残存之美在于将尽未尽,依稀见得旧时光景,却又良辰不再,美梦难留。如此"无计留春住"(欧阳修《蝶恋花》),如此的"惆怅还依旧"(冯延巳《鹊踏枝》)。"一道残阳铺水中,半江瑟瑟半江红"(白居易《暮江吟》),一边是渐去渐远的温柔明丽,一边是渐染渐浓的萧瑟孤清。人间若无喜事,为何惹我欢笑;既已许我佳音,为何转手成空?"不离不弃"的是人间悲乐,"莫失莫忘"的是醒后空房。如此惆怅难消,如此牵连不绝。人生在世,注定了不可"了",也就注定了不能"好"。只能在若存若亡、若得若失中牵挂着。然而人生正是在牵连往复之中体现出生生不息的意味,引发出无尽情思。"斜月沉沉藏海雾,碣石潇湘无限路;不知乘月几人归,落月摇情满江树。"(张若虚《春江花月夜》)已去的正是我们曾有的,残存的正是我们所眷恋的,依稀微茫的幸福,却牵引我们走完一程又一程。

最后谈欠缺——却是一个最丰富的话题。欠缺是带无入有,生有于无。"凿户牖以为室,当其无,有室之用"(《老子》第十一章)是最好的概括。这里涉及的东西很多,大约要分几几点来谈。

一谈欠缺的生成性。这在《周易》里有一种极致的体现:阴阳二爻各自都是欠缺的,失去任意一方,另一方就没有了意义。这种欠缺恰恰迫使二者"相摩相荡","两仪生四象,四象生八卦",八卦又生六十四卦,又有"乘""承""比""应""据""中""内(卦)""外(卦)""互(卦)""对(卦)",千变万化,以至无穷。欠缺是一个启示;欠缺是一扇通向无限世界的窗户;欠缺是一块顽石的裂缝,从中迸出那七十二变的齐天大圣来。南宋马远的一纸"寒江独钓"只用淡笔钩出一叶扁舟,孤身钓叟;除此是一片空茫。无繁复走笔,无细致勾画,更无满足视野的景致,甚至让人疑问:画在何处?所观何物?然而,恰恰是这疑问引出你心中无限清景。你不禁要想,此空茫是水,抑或是雪?水中尚有鱼否?远山何在?山中草木当时何等萧索?飞鸟千般已栖身何处?更有那"绿蚁新焙酒,红泥小火炉"(白居易《同李十一醉忆元九》)、"柴门闻犬吠,风雪夜归人"(刘长卿《逢雪宿芙蓉山》)怎生都不曾见得?唯有那孤身寒叟,无钩无鱼,独钓一片空茫。念及此处,心中不觉一惊:红尘闹世,燕舞欢歌,终究是"食尽鸟投林,落了个白茫茫一片大地真干净"(《红楼梦》)。倒不如从容守中,收心养性,"乘渺茫之鸟,游无何有之乡","无所可用,安所困苦哉?"(《庄子·逍遥游篇》)

画家收起手中的笔墨,却打开了观者心中的世界;画面的欠缺,却迫出了万壑奔腾。

欠缺的生成性不仅在于它打开了人心中的境界,更在于它打开了人生的境界。"人生不满百,常怀千岁忧。"(《古诗十九首》)正是欠缺使人生现出无穷的意味,令人追寻、营造,画出一个大千世界来。若有所失——使得你拿捏不住,又割舍不下。

一部浩如烟海的《红楼梦》,自是以林、贾二人为主角。然而黛玉出场,则曰:"年貌虽小,其举止言谈不俗,身体面庞虽怯弱不胜,却有一段自然的风流态度,便知他有不足之症"——几多美貌,几多才华,蘅芜苑里菊花咏,葬花冢上葬花吟……归根结底,都出自这"不足之症"。至于宝玉,则是"潦倒不通世物,愚顽怕读文章","天下无能第一,古今不肖无双"。如此一不学无术,不甚了了的"混世魔王",却饮得"千红一窟",醉入"万艳同杯"。两处不足,合演出"这悲金悼玉的红楼梦"。

再谈欠缺的收摄性。

欠缺是打开，是生成；亦是削落，是收摄。生成的是无限清景，几多意味；收摄的是萦怀计较，嗜欲贪图。残缺在这里最显其美学意味。它是一把"奥康剃刀"，把丛生杂长无关根性的一切统统剔除；它是"堕肢体，黜聪明，离形去知"（《庄子·大宗师篇》），揭去知欲之帷幕，昭显真纯之世界。苏州拙政园有一院落，称"卷云山房"，月洞两旁更题陆游诗："花如解语还多事，石不能言最可人。"小院无他，几方盆景，几块顽石，墙外探出几片绿叶。有时飞云留影，间或鸟语无心，真是落落洒洒一无长物。人入其中，如入一大浴室，一番清白寥落迎头浇下，直洗得你"虚室生白，吉祥止止"。眼前顿时明亮，双耳慎入微音。对花无语，触石凝神。"倚南窗以寄傲，审容膝之易安。"（陶渊明《归去来兮辞》）美不似美，美极而忘美。

孟子曰："学问之道无他，求其放心而已矣。"今人曰："审美之道无他，去其欲念而已矣。"当然，"去欲"非理性的去除，否则就成了道德说教。审美的去欲恰恰是在感性直观中自然消隐。中国古代艺术创作最讲究这一点。宗炳所谓"澄怀味象"（《画山水序》），刘勰强调"疏瀹五脏，藻雪精神"（《文心雕龙》），郭熙所谓"一柱炉香，万虑消沉"（《林泉高致》），无非指此。"无丝竹之乱耳，无案牍之劳形"（刘禹锡《陋室铭》）欠缺不是失落，恰恰是去除，是洗涤，是复归本真。有如庄子所谓"决疣溃痈"。"无花无酒过清明，兴味萧然似野僧，昨夜邻家乞新火，晓窗分与读书灯。"（王禹偁《清明》）如此萧条缺乏之光景，令人陡然一冷。然其素朴简约、旷荡磊落之情跃然纸上。削去的是贪欲之枷

锁、身外之桎梏,丰满的是心灵之田园。

最后谈欠缺所显示的生命张力。一个完整的生命体固然是生命旺盛的体现,但欠缺之中所迫出的生命冲动,更令人惊赞,如断崖飞瀑,缺石喷泉,老树新芽,断梅开花……这在中国书法中最有体现,典型如怀素《苦笋帖》。此帖无一字不缺,无一处不欠。读者眼随笔走,为之心惊,为之胆寒。然飞白处横贯生机,枯墨中暗挺筋骨。纵观此帖,则一气运行,浑然饱满,略无半点贫病。又如董其昌《临怀素自叙帖》"奇无定"三字,笔笔如老树枯槎,破衣寒叟。然正是此逸品,独得"清奇",如司空图云"神出古异,澹不可收"。(《二十四诗品》)空缺处流行的是浩漫之真气,真有似"云无心以出岫,鸟倦飞而知还"(陶渊明《归去来兮辞》)。黄庭坚评东坡书法,云"或云东坡作'戈'多成病笔,又腕著而笔卧,故左秀而右枯,此又见其管中窥豹,不识大体。殊不知西子捧心而颦,虽其病处,乃自成妍"(《山谷论书》)。"虽其病处,乃自成妍"一语道破了欠缺之美。

最后,想再一次明示,本文拈出一个"残缺",是指中国古典文学艺术中所具有的一个独立的美学"品格"。残缺的美学特点是显著的,从否定的一面来讲,它有三个"不是"。首先,它不是理性的,而是感性显现。无疑,理性总是要追求完善。残缺恰恰是对理性的撕裂、嘲讽。从而,残缺也不可能是道德的。道德必然要讲善,讲理性的。如果说残缺中暗示了什么,不妨把它叫作"般若",叫作"玄珠"。这是一种无法条理化、现成化的智慧,并且它不是一般的感性显现。它不是满足感官,不会导入全足;相反,它揭示的是残破、欠缺、丧失。人们并不会希冀残缺,残缺只是在远离人的同时进入了人更深的生命。

从肯定的一面来讲,残缺的特点在于:它居于无有之间,是一种自由、开阔、直观、可生成的境界。无的是嗜欲贪图、声名口腹;有的是道气性灵、逍遥澹荡。残缺了那个声色犬马的红尘俗世,安居于那个"幽微灵秀地,无可奈何天""无何有之乡,广漠之野"。此境界是道的,是禅的,也是审美的。所以本文列出三个条目:残破专指似有实无;残存专指似无还有;欠缺则是有无相生。此残缺做不出,说不出,只能吟咏出来,图画出来,在一场淋漓风雨中显出。

寥寥一篇短文,如此收束,也可谓缺矣。

《庄子》各篇章中涉及美学问题的文字[①]

《逍遥游》第一

瞽者无以与乎文章之观,聋者无以与乎钟鼓之声。岂唯形骸有聋盲哉? 夫知亦有之。

今子有大树,患其无用,何不树之于无何有之乡,广莫之野,彷徨乎无为其侧,逍遥乎寝卧其下。不夭斤斧,物无害者,无所可用,安所困苦哉!

《齐物论》第二

子游曰:"地籁则众窍是已,人籁则比竹是已。敢问天

---

①(清)郭庆藩,撰.庄子集释.王孝鱼,点校.北京:中华书局,1961.

籁。"子綦曰:"夫吹万不同,而使其自己也,咸其自取,怒者其谁邪!"

乐出虚,蒸成菌。

可乎可,不可乎不可。道行之而成,物谓之而然。恶乎然? 然于然。恶乎不然? 不然于不然。物固有所然,物固有所可。无物不然,无物不可。故为是举莛与楹,厉与西施,恢诡憰怪,道通为一。

其分也,成也;其成也,毁也。凡物无成与毁,复通为一。唯达者知通为一,为是不用而寓诸庸。庸也者,用也;用也者,通也;通也者,得也;适得而几矣。

有成与亏,故昭氏之鼓琴也;无成与亏,故昭氏之不鼓琴也。

毛嫱丽姬,人之所美也;鱼见之深入,鸟见之高飞,麋鹿见之决骤。四者孰知天下之正色哉?

昔者庄周梦为胡蝶,栩栩然胡蝶也,自喻适志与! 不知周也。俄然觉,则蘧蘧然周也。不知周之梦为胡蝶与,胡蝶之梦为周与? 周与胡蝶,则必有分矣。此之谓物化。

《养生主》第三

庖丁为文惠君解牛,手之所触,肩之所倚,足之所履,膝之所踦,砉然响然,奏刀騞然,莫不中音。合于《桑林》之舞,乃中《经首》之会。

文惠君曰:"嘻,善哉! 技盖至此乎?"

庖丁释刀对曰:"臣之所好者道也,进乎技矣。始臣之解牛之时,所见无非[全]牛者。三年之后,未尝见全牛也。方今之时,臣以神遇而不以目视,官知止而神欲行。依乎天理,批大郤,导大窾,因其固然。技经肯綮之未尝,而况大軱乎! 良庖岁更刀,割也;族庖月更刀,折也。今臣之刀十九年矣,所解数千牛矣,而刀刃若新发于硎。彼节者有间,而刀刃者无厚:以无厚入有间,恢恢乎其于游刃必有余地矣,是以十九年而刀刃若新发于硎。虽然,每至于族,吾见其难为,怵然为戒,视为止,行为迟。动刀甚微,謋然已解,如土委地。提刀而立,为之四顾,为之踌躇满志,善刀而藏之。"

文惠君曰:"善哉! 吾闻庖丁之言,得养生焉。"

《人间世》第四

且德厚信矼，未达人气，名闻不争，未达人心。而强以仁义绳墨之言术暴人之前者，是以人恶有其美也，命之曰灾人。

若一志，无听之以耳而听之以心，无听之以心而听之以气！听止于耳，心止于符。气也者，虚而待物者也。

夫两喜必多溢美之言，两怒必多溢恶之言。

美成在久，恶成不及改。

汝不知夫螳螂乎？怒其臂以当车辙，不知其不胜任也，是其才之美者也。戒之，慎之！积伐而美者以犯之，几矣。

匠石之齐，至于曲辕，见栎社树。其大蔽数千牛，絜之百围，其高临山十仞而后有枝；其可以为舟者旁十数。观者如市，匠伯不顾，遂行不辍。

弟子厌观之,走及匠石,曰:"自吾执斧斤以随夫子,未尝见材如此其美也……"

《德充符》第五

自其异者视之,肝胆楚越也;自其同者视之,万物皆一也。夫若然者,且不知耳目之所宜,而游心乎德之和。

彼为己以其知,得其心以其心。得其常心,物何为最之哉?

而况官天地,府万物,直寓六骸,象耳目,一知之所知,而心未尝死者乎!

今子与我游于形骸之内,而子索我于形骸之外,不亦过乎!

仲尼曰:"丘也尝使于楚矣,适见独子食于其死母者,少焉眴若皆弃之而走。不见己焉尔,不得其类焉尔。所爱其母者,非爱其形也,爱使其形者也……"

265

闉跂支离无脤说卫灵公，灵公说之；而视全人，其脰肩肩。瓮㼜大瘿说齐桓公，桓公说之；而视全人，其脰肩肩。故德有所长而形有所忘，人不忘其所忘而忘其所不忘，此谓诚忘。

惠子谓庄子曰："人故无情乎？"

庄子曰："然。"

惠子曰："人而无情，何以谓之人？"

庄子曰："道与之貌，天与之形，恶得不谓之人？"

惠子曰："既谓之人，恶得无情？"

庄子曰："是非吾所谓情也。吾所谓无情者，言人之不以好恶内伤其身，常因自然而不益生也。"

《大宗师》第六

知天之所为，知人之所为者，至矣。知天之所为者，天而生也；知人之所为者，以其知之所知以养其知之所不知，终其天年而不中道夭者，是知之盛也。

虽然，有患。夫知有所待而后当，其所待者特未定也。庸讵知吾所谓天之非人乎？所谓人之非天乎？

且有真人而后有真知。

若狐不偕、务光、伯夷、叔齐、箕子、胥余、纪他、申徒狄，是役人之役，适人之适，而不自适其适者也。

特犯人之形而犹喜之。若人之形者，万化而未始有极也，其为乐可胜计邪！

夫道，有情有信，无为无形；可传而不可受，可得而不可见。

吾犹守而告之，参日而后能外天下；已外天下矣，吾又守之，七日而后能外物；已外物矣，吾又守之，九日而后能外生；已外生矣，而后能朝彻；朝彻，而后能见独；见独，而后能无古今；无古今，而后能入于不死不生。

南伯子葵曰："子独恶乎闻之？"
曰："闻诸副墨之子，副墨之子闻诸洛诵之孙，洛诵之孙闻之瞻明，瞻明闻之聂许，聂许闻之需役，需役闻之于讴，于讴闻之玄冥，玄冥闻之参寥，参寥闻之疑始。"

夫盲者无以与乎眉目颜色之好，聋者无以与乎青黄黼黻之观。

夫无庄之失其美，据梁之失其力，黄帝之亡其知，皆在炉捶之间耳。

颜回曰:"回益矣。"

仲尼曰:"何谓也?"

曰:"回忘仁义矣。"

曰:"可矣,犹未也。"

他日复见,曰:"回益矣。

"曰:"何谓也?"

曰:"回忘礼乐矣!"

曰:"可矣,犹未也。"

他日复见,曰:"回益矣!"

曰:"何谓也?"

曰:"回坐忘矣。"

仲尼蹴然曰:"何谓坐忘?"

颜回曰:"堕肢体,黜聪明,离形去知,同于大通,此谓坐忘。"

仲尼曰:"同则无好也,化则无常也。而果其贤乎! 丘也请从而后也。"

子舆与子桑友,而霖雨十日。子舆曰:"子桑殆病矣!"裹饭而往食之。至子桑之门,则若歌若哭,鼓琴曰:"父邪! 母邪! 天乎! 人乎!"有不任其声而趋举其诗焉。

子舆入,曰:"子之歌诗,何故若是?"

曰:"吾思夫使我至此极者而弗得也。父母岂欲吾贫哉? 天无私覆,地无私载,天地岂私贫我哉? 求其为之者而不得也。然而至此极者，命也夫！"

《应帝王》第七

南海之帝为儵，北海之帝为忽，中央之帝为浑沌。儵与忽时相与遇于浑沌之地，浑沌待之甚善。儵与忽谋报浑沌之德，曰："人皆有七窍以视听食息，此独无有，尝试凿之。"日凿一窍，七日而浑沌死。

《骈拇》第八

且夫属其性乎仁义者，虽通如曾、史，非吾所谓臧也；属其性于五味，虽通如俞儿，非吾所谓臧也；属其性乎五声，虽通如师旷，非吾所谓聪也；属其性乎五色，虽通如离朱，非吾所谓明也。吾所谓臧者，非仁义之谓也，臧于其德而已矣；吾所谓臧者，非所谓仁义之谓也，任其性命之情而已矣；吾所谓聪者，非谓其闻彼也，自闻而已矣；吾所谓明者，非谓其见彼也，自见而已矣。夫不自见而见彼，不自得而得彼者，是得人之得而不自得其得者也，适人之适而不自适其适者也。

《马蹄》第九

陶者曰："我善治埴。圆者中规，方者中矩。"匠人曰："我善治埴。曲者中钩，直者应绳。"夫埴木之性，岂欲中规矩钩绳哉？然且世世称之曰"伯乐善治马而陶匠善治埴木"，此亦治天下者之过也。

《胠箧》第十

擢乱六律，铄绝竽瑟，塞瞽旷之耳，而天下始人含其聪矣；灭文章，散五采，胶离朱之目，而天下始人含其明矣；毁绝钩绳而弃规矩，攦工倕之指，而天下始人有其巧矣。故曰："大巧若拙。"

甘其食，美其服，乐其俗，安其居，邻国相望，鸡狗之音相闻，民至老死而不相往来。

《在宥》第十一

昔尧之治天下也,使天下欣欣焉人乐其性,是不恬也;桀之治天下也,使天下瘁瘁焉人苦其性,是不愉也。夫不恬不愉,非德也。非德也而可长久者,天下无之。

说明邪? 是淫于色也;说聪邪? 是淫于声也;说仁邪? 是乱于德也;说义邪? 是悖于理也;说礼邪? 是相于技也;说乐(也)〔邪〕,是相于淫也;说圣邪? 是相于艺也;说知邪? 是相于疵也。天下将安其性命之情,之八者,存可也,亡可也;天下将不安其性命之情,之八者,乃始脔卷狯囊而乱天下也。

鸿蒙曰:"浮游,不知所求;猖狂,不知所往;游者鞅掌,以观无妄。朕又何知!"

《天地》第十二

通于天地者，德也；行于万物者，道也；上治人者，事也；能有所艺者，技也。技兼于事，事兼于义，义兼于德，德兼于道，道兼于天。

黄帝游乎赤水之北，登乎昆仑之丘而南望。还归，遗其玄珠。使知索之而不得，使离朱索之而不得，使吃诟索之而不得也。乃使象罔，象罔得之。黄帝曰："异哉！象罔乃可以得之乎？"

合喙鸣；喙鸣合，与天地为合。

子贡南游于楚，反于晋，过汉阴，见一丈人方将为圃畦，凿隧而入井，抱瓮而出灌，搰搰然用力甚多而见功寡。子贡曰："有械于此，一日浸百畦，用力甚寡而见功多，夫子不欲乎？"

为圃者仰而视之曰："奈何？"曰："凿木为机，后重前轻，挈水若抽，数如泆汤，其名为槔。"为圃者忿然作色而笑曰："吾闻之吾师，有机械者必有机事，有机事者必有机心。

机心存于胸中，则纯白不备；纯白不备，则神生不定；神生不定者，道之所不载也。吾非不知，羞而不为也。"

子贡瞒然惭，俯而不对。

孔子曰："彼假修浑沌氏之术者也；识其一，不识其二；治其内，而不治其外。夫明白入素，无为复朴，体性抱神，以游世俗之间者，汝将固惊邪？且浑沌氏之术，予与汝何足以识之哉！"

德人者，居无思，行无虑，不藏是非美恶。

上神乘光，与形灭亡，此谓照旷。致命尽情，天地乐而万事销亡，万物复情，此之谓混冥。

垂衣裳，设采色，动容貌，以媚一世，而不自谓道谀。

大声不入于里耳，折杨皇荂，则嗑然而笑。

厉之人夜半生其子，遽取火而视之，汲汲然唯恐其似己也。

百年之木，破为牺尊，青黄而文之，其断在沟中。比牺尊于沟中之断，则美恶有间矣，其于失性一也。

且夫失性有五：一曰五色乱目，使目不明；二曰五声乱耳，使耳不聪；三曰五臭熏鼻，困惾中颡；四曰五味浊口，使口厉爽；五曰趣舍滑心，使性飞扬。此五者，皆生之害也。

《天道》第十三

圣人之静也，非曰静也善，故静也，万物无足以铙心者，故静也。水静则明烛须眉，平中准，大匠取法焉。水静犹明，而况精神！圣人之心静乎！天地之鉴也，万物之镜也。

静而圣，动而王，无为也而尊，朴素而天下莫能与之争美。夫明白于天地之德者，此之谓大本大宗，与天和者也；所以均调天下，与人和者也。与人和者，谓之人乐；与天和者，谓之天乐。

庄子曰："吾师乎！吾师乎！齑万物而不为戾，泽及万世而不为仁，长于上古而不为寿，覆载天地刻雕众形而不为巧，此之谓天乐。故曰：'知天乐者，其生也天行，其死也物化。静而与阴同德，动而与阳同波。'故知天乐者，无天怨，无人非，无物累，无鬼责。故曰：'其动也天，其静也地，一心定而王天下；其鬼不祟，其魂不疲，一心定而万物服。'

言虚静推于天地,通于万物,此之谓天乐。天乐者,圣人之心,以畜天下也。"

无为也,则用天下而有余;有为也,则为天下用而不足。

本在于上,末在于下;要在于主,详在于臣……钟鼓之音,羽旄之容,乐之末也;哭泣衰绖,隆杀之服,哀之末也。此五末者,须精神之运,心术之动,然后从之者也。

末学者,古人有之,而非所以先也。

夫尊卑先后,天地之行也,故圣人取象焉。

昔者舜问于尧曰:"天王之用心何如?"

尧曰:"吾不敖无告,不废穷民,苦死者,嘉孺子而哀妇人,此吾所以用心已。"

舜曰:"美则美矣,而未大也。"

尧曰:"然则何如?"

舜曰:"天德而出宁,日月照而四时行,若昼夜之有经,云行而雨施矣!"

尧曰:"胶胶扰扰乎! 子,天之合也;我,人之合也。"

夫天地者,古之所大也,而黄帝、尧、舜之所共美也。故古之王天下者,奚为哉? 天地而已矣!

世之所贵道者书也，书不过语，语有贵也。语之所贵者意也，意有所随。意之所随者，不可以言传也，而世因贵言传书。世虽贵之，我犹不足贵也，为其贵非其贵也。故视而可见者，形与色也；听而可闻者，名与声也。悲夫，世人以形色名声为足以得彼之情！夫形色名声，果不足以得彼之情，则知者不言，言者不知，而世岂识之哉！

轮扁曰："臣也以臣之事观之。斫轮，徐则甘而不固，疾则苦而不入，不徐不疾，得之于手而应于心，口不能言，有数存乎其间……"

《天运》第十四

北门成问于黄帝曰："帝张咸池之乐于洞庭之野，吾始闻之惧，复闻之怠，卒闻之而惑，荡荡默默，乃不自得。"

帝曰："汝殆其然哉！吾奏之以人，征之以天，行之以礼义，建之以大清。夫至乐者，先应之以人事，顺之以天理，行之以五德，应之以自然，然后调理四时，太和万物。四时迭起，万物循生；一盛一衰，文武伦经；一清一浊，阴阳调和，流光其声；蛰虫始作，吾惊之以雷霆；其卒无尾，其始无首；一死一生，一偾一起；所常无穷，而一不可待。汝故

惧也。

吾又奏之以阴阳之和,烛之以日月之明;其声能短能长,能柔能刚,变化齐一,不主故常;在谷满谷,在坑满坑。涂郤守神,以物为量。其声挥绰,其名高明。是故鬼神守其幽,日月星辰行其纪。吾止之于有穷,流之于无止。子欲虑之而不能知也,望之而不能见也,逐之而不能及也;傥然立于四虚之道,倚于槁梧而吟。目知穷乎所欲见,力屈乎所欲逐,吾既不及已夫!形充空虚,乃至委蛇。汝委蛇,故怠。

吾又奏之以无怠之声,调之以自然之命,故若混逐丛生,林乐而无形;布挥而不曳,幽昏而无声。动于无方,居于窈冥;或谓之死,或谓之生;或谓之实,或谓之荣;行流散徙,不主常声。世疑之,稽于圣人。圣也者,达于情而遂于命也。天机不张而五官皆备,此之谓天乐,无言而心说。故有焱氏为之颂曰:'听之不闻其声,视之不见其形,充满天地,苞裹六极。'汝欲听之而无接焉,而故惑也。

乐也者,始于惧,惧故祟;吾又次之以怠,怠故遁;卒之于惑,惑故愚;愚故道,道可载而与之俱也。"

故西施病心而矉其里,其里之丑人见之而美之,归亦捧心而矉其里。其里之富人见之,坚闭门而不出,贫人见之,挈妻子而去之走。彼知矉美而不知矉之所以美。

古之至人，假道于仁，托宿于义，以游逍遥之虚，食于苟简之田，立于不贷之圃。逍遥，无为也；苟简，易养也；不贷，无出也。古者谓是采真之游。

夫鹄不日浴而白，乌不日黔而黑。

龙，合而成体，散而成章，乘乎云气而养乎阴阳。

《刻意》第十五

若夫不刻意而高，无仁义而修，无功名而治，无江海而闲，不道引而寿，无不忘也，无不有也，淡然无极而众美从之。此天地之道，圣人之德也。

水之性，不杂则清，莫动则平；郁闭而不流，亦不能清；天德之象也。故曰，纯粹而不杂，静一而不变，淡而无为，动而以天行，此养神之道也。

故素也者，谓其无所与杂也；纯也者，谓其不亏其神也。能体纯素，谓之真人。

《缮性》第十六

中纯实而反乎情,乐也;信行容体而顺乎文,礼也。礼乐遍行,则天下乱矣。

去性而从于心。心与心识知而不足以定天下,然后附之以文,益之以博。文灭质,博溺心,然后民始惑乱,无以反其性情而复其初。

乐全之谓得志。

古之所谓得志者,非轩冕之谓也,谓其无以益其乐而已矣。今之所谓得志者,轩冕之谓也。轩冕在身,非性命也,物之傥来,寄者也。寄之,其来不可圉,其去不可止。故不为轩冕肆志,不为穷约趋俗,其乐彼与此同,故无忧而已矣。今寄去则不乐,由(之)[是]观之,虽乐,未尝不荒也。故曰,丧己于物,失性于俗者,谓之倒置之民。

《秋水》第十七

秋水时至,百川灌河,泾流之大,两涘渚崖之间,不辩牛马。于是焉河伯欣然自喜,以天下之美为尽在己。顺流而东行,至于北海,东面而视,不见水端,于是焉河伯始旋其面目,望洋向若而叹曰:"野语有之曰:'闻道百以为莫己若者。'我之谓也。且夫我尝闻少仲尼之闻而轻伯夷之义者,始吾弗信;今我睹子之难穷也,吾非至于子之门则殆矣,吾长见笑于大方之家。"

夫精粗者,期于有形者也;无形者,数之所不能分也;不可围者,数之所不能穷也。可以言论者,物之粗也;可以意致者,物之精也;言之所不能论,意之所不能察致者,不期精粗焉。

"……故曰,天在内,人在外,德在乎天。知天人之行,本乎天,位乎得,蹢躅而屈伸,反要而语极。"

曰:"何谓天?何谓人?"

北海若曰:"牛马四足,是谓天;落马首,穿牛鼻,是谓人。故曰,无以人灭天,无以故灭命,无以得殉名。谨守而勿失，是谓反其真。"

庄子与惠子游于濠梁之上。庄子曰："儵鱼出游从容，是鱼之乐也。"

惠子曰："子非鱼，安知鱼之乐？"

庄子曰："子非我，安知我不知鱼之乐？"

惠子曰："我非子，固不知子矣；子固非鱼也，子之不知鱼之乐，全矣！"

庄子曰："请循其本。子曰'汝安知鱼乐'云者，既已知吾知之而问我。我知之濠上也。"

《至乐》第十八

天下有至乐无有哉？有可以活身者无有哉？今奚为奚据？奚避奚处？奚就奚去？奚乐奚恶？

夫天下之所尊者，富贵寿善也；所乐者，身安厚味美服好色音声也；所下者，贫贱夭恶也；所苦者，身不得安逸，口不得厚味，形不得美服，目不得好色，耳不得音声；若不得者，则大忧以惧，其为形也亦愚哉！

夫富者，苦身疾作，多积财而不得尽用，其为形也亦外矣。夫贵者，夜以继日，思虑善否，其为形也亦疏矣。人之生也，与忧俱生，寿者惛惛，久忧不死，何苦也！其为形也亦远矣。烈士为天下见善矣，未足以活身。吾未知善之诚善邪，诚不善邪？若以为善矣，不足活身；以为不善矣，足以活人。故曰，"忠谏不听，蹲循勿争。"故夫子胥争之以残其形，不争，名亦不成。诚有善无有哉？

今俗之所为与其所乐，吾又未知乐之果乐邪，果不乐邪？吾观夫俗之所乐，举群趣者，诬诬然如将不得已，而皆曰乐者，吾未之乐也，亦未之不乐也。果有乐无有哉？吾以无为诚乐矣，又俗之所大苦也。故曰，"至乐无乐，至誉无誉。"

昔者海鸟止于鲁郊，鲁侯御而觞之于庙，奏九韶以为乐，具太牢以为膳。鸟乃眩视忧悲，不敢食一脔，不敢饮一杯，三日而死。此以己养养鸟也，非以鸟养养鸟也。

咸池九韶之乐，张之洞庭之野，鸟闻之而飞，兽闻之而走，鱼闻之而下入，人卒闻之，相与还而观之。

《达生》第十九

凡有貌象声色者，皆物也，物与物何以相远？夫奚足以至乎先？是色而已。

仲尼适楚,出于林中,见佝偻者承蜩,犹掇之也。

仲尼曰:"子巧乎,有道邪?"

曰:"我有道也。五六月累丸二而不坠,则失者锱铢;累三而不坠,则失者十一;累五而不坠,犹掇之也。吾处身也,若厥株拘;吾执臂也,若槁木之枝;虽天地之大,万物之多,而唯蜩翼之知。吾不反不侧,不以万物易蜩之翼,何为而不得!"

孔子顾谓弟子曰:"用志不分,乃凝于神。其佝偻丈人之谓乎!"

颜渊问仲尼曰:"吾尝济乎觞深之渊,津人操舟若神。吾问焉,曰:'操舟可学邪?'曰:'可。善游者数能。若乃夫没人,则未尝见舟而便操之也。'吾问焉而不吾告,敢问何谓也?"

仲尼曰:"善游者数能,忘水也。若乃夫没人之未尝见舟而便操之也,彼视渊若陵,视舟之覆,犹其车却也。覆却万方陈乎前而不得入其舍,恶往而不暇!以瓦注者巧,以钩注者惮,以黄金注者殙。其巧一也,而有所矜,则重外也。凡外重者内拙。"

孔子观于吕梁,县水三十仞,流沫四十里,鼋鼍鱼鳖之所不能游也。见一丈夫游之,以为有苦而欲死也,使弟子并流而拯之。数百步而出,被发行歌而游于塘下。

孔子从而问焉,曰:"吾以子为鬼,察子则人也。请问:

蹈水有道乎?"

曰:"亡,吾无道。吾始乎故,长乎性,成乎命。与齐俱入,与汩偕出,从水之道而不为私焉。此吾所以蹈之也。"

孔子曰:"何谓始乎故,长乎性,成乎命?"

曰:"吾生于陵而安于陵,故也;长于水而安于水,性也;不知吾所以然而然,命也。"

梓庆削木为鐻,鐻成,见者惊犹鬼神。鲁侯见而问焉,曰:"子何术以为焉?"

对曰:"臣工人,何术之有!虽然,有一焉:臣将为鐻,未尝敢以耗气也,必齐以静心。齐三日,而不敢怀庆赏爵禄;齐五日,不敢怀非誉巧拙;齐七日,辄然忘吾有四枝形体也。当是时也,无公朝,其巧专而外骨消;然后入山林,观天性;形躯至矣,然后成鐻,然后加手焉;不然则已。则以天合天,器之所以疑神者,其是与!"

工倕旋而盖规矩,指与物化而不以心稽,故其灵台一而不桎。忘足,履之适也;忘要,带之适也;知忘是非,心之适也;不内变,不外从,事会之适也。始乎适而未尝不适者,忘适之适也。

《山木》第二十

阳子之宋，宿于逆旅。逆旅人有妾二人，其一人美，其一人恶，恶者贵而美者贱。阳子问其故，逆旅小子对曰："其美者自美，吾不知其美也；其恶者自恶，吾不知其恶也。"

阳子曰："弟子记之！行贤而去自贤之行，安往而不爱哉！"

《田子方》第二十一

孔子曰："请问游是。"

老聃曰："夫得是，至美至乐也，得至美而游乎至乐，谓之至人。"

孔子曰："愿闻其方。"

曰："草食之兽不疾易薮；水生之虫不疾易水，行小变而不失其大常也，喜怒哀乐不入于胸次。夫天下也者，万物之所一也。得其所一而同焉，则四支百体将为尘垢，而死生终始将为昼夜而莫之能滑,而况得丧祸福之所介乎!弃隶者若弃泥涂,知身贵于隶也。贵在于我而不失于变。且万化而未始有极也,夫孰足以患心!已为道者解乎此。"

孔子曰:"夫子德配天地,而犹假至言以修心。古之君子,孰能脱焉!"

宋元君将画图,众史皆至,受揖而立;舐笔和墨,在外者半。有一史后至者,儃儃然不趋,受揖不立,因之舍。公使人视之,则解衣般礴裸。君曰:"可矣,是真画者也。"

《知北游》第二十二

人之生,气之聚也;聚则为生,散则为死。若死生为徒,吾又何患!故万物一也;是其所美者为神奇,其所恶者为臭腐;臭腐复化为神奇,神奇复化为臭腐。

天地有大美而不言,四时有明法而不议,万物有成理而不说。圣人者,原天地之美而达万物之理。是故至人无为,大圣不作,观于天地之谓也。

若正汝形,一汝视,天和将至;摄汝知,一汝度,神将来

舍。德将为汝美,道将为汝居。汝瞳焉如新生之犊而无求其故。

孔子问于老聃曰:"今日晏闲,敢问至道。"

老聃曰:"汝齐戒,疏瀹而心,澡雪而精神,掊击而知!"

东郭子问于庄子曰:"所谓道,恶乎在?"

庄子曰:"无所不在。"

东郭子曰:"期而后可。"

庄子曰:"在蝼蚁。"

曰:"何其下邪?"

曰:"在稊稗。"

曰:"何其愈下邪?"

曰:"在瓦甓。"

曰:"何其愈甚邪?"

曰:"在屎溺。"东郭子不应。

庄子曰:"夫子之问也,固不及质。正获之问于监市履狶也,每下愈况。汝唯莫必,无乎逃物。至道若是,大言亦然。"

大马之捶钩者,年八十矣,而不失豪芒。大马曰:"子巧与!有道与?"

曰:"臣有守也。臣之年二十而好捶钩,于物无视也,非钩无察也。是用之者,假不用者也以长得其用,而况乎无不用者乎！物孰不资焉！"

山林与，皋壤与，使我欣欣然而乐与！乐未毕也，哀又继之。哀乐之来，吾不能御，其去弗能止。

《徐无鬼》第二十四

武侯大悦而笑。

徐无鬼出，女商曰："先生独何以说吾君乎？吾所以说吾君者，横说之则以《诗》《书》《礼》《乐》，从说则以《金板》《六弢》，奉事而大有功者不可为数，而吾君未尝启齿。今先生何以说吾君？使吾君说若此乎？"

徐无鬼曰："吾直告之吾相狗马耳。"

女商曰："若是乎？"

曰："子不闻夫越之流人乎？去国数日，见其所知而喜；去国旬月，见所尝见于国中者喜；及期年也，见似人者而喜矣；不亦去人滋久，思人滋深乎？夫逃虚空者，藜藋柱乎鼪鼬之径，良位其空，闻人足音跫然而喜矣，又况乎昆弟亲戚之謦欬其侧者乎！久矣夫，莫以真人之言謦欬吾君之侧乎！"

其弟子曰:"我得夫子之道矣! 吾能冬爨鼎而夏造冰矣!"鲁遽曰:"是直以阳召阳,以阴召阴,非吾所谓道也。吾示子乎吾道。"于是乎为之调瑟,废一于堂,废一于室,鼓宫宫动,鼓角角动,音律同矣! 夫或改调一弦,于五音无当也。鼓之,二十五弦皆动,未始异于声,而音之君已。且若是者邪?

庄子送葬,过惠子之墓,顾谓从者曰:"郢人垩慢其鼻端若蝇翼,使匠人斫之。匠石运斤成风,听而斫之,尽垩而鼻不伤,郢人立不失容。宋元君闻之,召匠石曰:'尝试为寡人为之。'匠石曰:'臣则尝能斫之。虽然,臣之质死久矣!'自夫子之死也,吾无以为质矣,吾无与言之矣!"

《则阳》第二十五

生而美者,人与之鉴,不告则不知其美于人也。若知之,若不知之,若闻之,若不闻之,其可喜也终无已,人之好之亦无已,性也。

《外物》第二十六

任公子为大钩巨缁,五十犗以为饵,蹲乎会稽,投竿东海,旦旦而钓,期年不得鱼。已而大鱼食之,牵巨钩,陷没而下骛,(骛)[鹜]扬而奋鬐,白波若山,海水震荡,声侔鬼神,惮赫千里。任公子得若鱼,离而腊之,自制河以东,苍梧已北,莫不厌若鱼者。已而后世辁才讽说之徒,皆惊而相告也。夫揭竿累,趣灌渎,守鲵鲋,其于得大鱼难矣,饰小说以干县令,其于大达亦远矣,是以未尝闻任氏之风俗,其不可与经于世亦远矣。

惠子谓庄子曰:"子言无用。"

庄子曰:"知无用而始可与言用矣。夫地非不广且大也,人之所用容足耳。然则厕足而垫之致黄泉,人尚有用乎?"惠子曰:"无用。"

庄子曰:"然则无用之为用也亦明矣。"

荃者所以在鱼,得鱼而忘荃;蹄者所以在兔,得兔而忘蹄;言者所以在意,得意而忘言。吾安得夫忘言之人而与之言哉!

《寓言》第二十七

寓言十九,藉外论之。亲父不为其子媒。亲父誉之,不若非其父者也;非吾罪也,人之罪也。与己同则应,不与己同则反。同于己为是之,异于己为非之。

《让王》第二十八

曾子居卫,缊袍无表,颜色肿哙,手足胼胝。三日不举火,十年不制衣。正冠而缨绝,捉衿而肘见,纳屦而踵决。曳纵而歌《商颂》,声满天地,若出金石。

颜回对曰:"不愿仕。回有郭外之田五十亩,足以给飦粥;郭内之田十亩,足以为丝麻;鼓琴足以自娱,所学夫子之道者足以自乐也。回不愿仕。"

孔子穷于陈蔡之间,七日不火食,藜羹不糁,颜色甚惫,而弦歌于室。

《盗跖》第二十九

生而长大，美好无双，少长贵贱见而皆说之，此上德也。

故势为天子，未必贵也；穷为匹夫，未必贱也。贵贱之分，在行之美恶。

故《书》曰："孰恶孰美？成者为首，不成者为尾。"

夫富之于人，无所不利。穷美究势，至人之所不得逮，贤人之所不能及。

尧、舜为帝而雍，非仁天下也，不以美害生。

《渔父》第三十一

同类相从，同声相应，固天之理也。

天子诸侯大夫庶人,此四者自正,治之美也;四者离位而乱莫大焉。

人有畏影恶迹而去之走者,举足愈数而迹愈多,走愈疾而影不离身,自以为尚迟,疾走不休,绝力而死。不知处阴以休影,处静以息迹,愚亦甚矣!

真者,精诚之至也。不精不诚,不能动人。故强哭者虽悲不哀,强怒者虽严不威,强亲者虽笑不和。真悲无声而哀,真怒未发而威,真亲未笑而和。真在内者,神动于外,是所以贵真也。

《列御寇》第三十二

朱泙漫学屠龙于支离益,单千金之家,三年技成而无所用其巧。

美髯长大壮丽勇敢,八者俱过人也,因以是穷。

《天下》第三十三

《诗》以道志,《书》以道事,《礼》以道行,《乐》以道和,《易》以道阴阳,《春秋》以道名分。

天下大乱,贤圣不明,道德不一,天下多得一察焉以自好。譬如耳目鼻口,皆有所明,不能相通。犹百家众技也,皆有所长,时有所用。虽然,不该不遍,一曲之士也。判天地之美,析万物之理,察古人之全,寡能备于天地之美,称神明之容。

后　记

感谢我的博士生导师朱良志先生,这本书是在他指导下完成的,又是在先生不遗余力的帮助下安排出版的。不计其数的电话和面谈,与其说是讨论,不如说是从先生游于庄周智慧之海。他鼓励我弃绝扭捏、敷衍、堆砌之风,大胆、真诚、独立地思考问题;他提醒我研习《庄子》,重要的是要以《庄子》的智慧去生活,不要充当了当代的"牺牛""神龟"还沾沾自喜。

感谢我的硕士生导师彭锋先生,他是保持思想活力的楷模,激励我突破门户之见,保持对时代的敏感,具备国际视野;他劝我带着问题去读书,就像有了一张网,读的书才会被兜住而不掉下去。

感谢我在法兰克福大学的导师 Martin Seel 先生,他鼓励我拿出自己的观点,不必罗列他人观点,甚至不必读"太多书","让康德和你一起合作思考问题,而不是转述康德"。

这本书在方法上要遥远地向康德致敬,因为他检查式思考问题的态度、"如何可能"的提问方式、他确立的一些基本范畴和原则,以及在具体问题上进行演绎的研究方式,启发了我:论述的前提也许会引起争议,但内部逻辑必须清晰。

感谢叶朗老师、王锦民老师、章启群老师、袁济喜老师、王旭晓老师、刘成纪老师、白巍老师,当初本书作为博士论文预答辩和答辩时,他们提出了很多有益的建议。

感谢师姐刘笑非真诚、细致而富有眼光的修改和批评,感谢同门张卉善意的鼓励和细心检查,谢谢谷红岩师弟在最后关头为我挑出错字。最后,感谢我的父母,在写作本书的最后几个月为我安排生活。

杨　震

2014 年 12 月